KB200583

천국은 이와 같으니

천국은 이와 같으니

지은이 | 칩 잉그램, 랜스 위트
옮긴이 | 정성묵
초판 발행 | 2017. 2. 20
등록번호 | 제1988-000080호
등록된 곳 | 서울특별시 용산구 서빙고로65길 38
발행처 | 사단법인 두란노서원
영업부 | 2078-3333 FAX | 080-749-3705
출판부 | 2078-3332

책값은 뒤표지에 있습니다.
ISBN 978-89-531-2770-8 03230

독자의 의견을 기다립니다.
tpress@duranno.com www.duranno.com

두란노서원은 바울 사도가 3차 전도 여행 때 에베소에서 성령 받은 제자들을 따로 세워 하나님의 말씀으로 양육
하던 장소입니다. 사도행전 19장 8-20절의 정신에 따라 첫째 목회자를 돕는 사역과 평신도를 훈련시키는 사역,
둘째 세계선교™와 문서선교단행본·잡지 사역, 셋째 예수문화 및 경배와 찬양 사역, 그리고 가정·상담 사역 등을 감
당하고 있습니다. 1980년 12월 22일에 창립된 두란노서원은 주님 오실 때까지 이 사역들을 계속할 것입니다.

천국은
이와 같으니

칩 잉그램 외 지음 | 정성묵 옮김

두란노

천국은 마치 밭에 감추인 보화와 같으니
사람이 이를 발견한 후
숨겨 두고 기뻐하며 돌아가서
자기의 소유를 다 팔아 그 밭을 사느니라
_마 13:44

추천의 글

천국에 대해 그 어느 때보다도 관심이 많다. 사후세계를 탐구하는 책과 영화, 방송이 끊이지 않는다. 하지만 과연 성경에서는 천국을 뭐라고 말하는가? 하나님은 성경을 통해 우리에게 천국을 엿보게 하셨다. 이 책을 통해 저자는 성경의 체로 허구를 걸러 내고 철저한 사실만을 알려 준다.
_짐 데일리(Jim Daly), 포커스 온 더 패밀리 회장

내 친구 칩 잉그램은 진리를 누구보다도 설득력 있게 전달하는 목회자다. 《천국은 이와 같으니》는 우리에게 왜 천국이 중요한지를 알려 주고 영원한 시각과 깊은 소망으로 살 수 있도록 인도해 준다. 이 책을 절대 놓치지 마라!
_잭 그레이엄(Jack Graham), 프리스톤우드침례교회 목사

천국을 이해하기 위한 노력은 절대 시간 낭비가 아니다. 크리스천들에게 이는 가장 중요한 일 가운데 하나다. 하나님이 우리를 위해 예비하신 천국의 약속에 소망을 두면 오늘의 삶이 훨씬 더 의미가 있어진다. '진짜 천국'을 설명해 주는 이 책은 우리로 하여금 그 소망을 굳게 붙잡도록 도와준다.
_데이브 스톤(Dave Stone), 루이빌 사우스이스트크리스천교회 목사

Contents

PART 1

천국을 잃어버린 시대를 향하여
천국은 막연하지 않다

PART 2

우리가 알아야 할 천국의 모든 것

"천국은 이와 같으니"

PART 3

천국을 가진 자들의 삶

지금을 천국으로 만들라

프롤로그

우리는 천국을
바로 알고 있는가

천국에 관한 책이 이미 시중에 많이 출간되어 있다. 그런데 천국에 관해 아는 것이 가능한 일인가? 천국의 모습을 직접 찍은 동영상이 있는 것도 아니지 않는가? 여태껏 천국에 착륙한 우주비행사도 없었다. 물론 천국에 다녀왔다고 주장하는 사람들은 많다. 하지만 과연 그중에서 누구를 믿을 수 있는가?

알렉스 말라키(Alex Malarkey)는 천국에 다녀왔던 이야기가 다 거짓말이었노라 고백했다. 많은 이들에게 주목받았고 베스트셀러였던 《천국에서 돌아온 소년》(The Boy Who Came Back from Heaven)은 알렉스가 아버지 케빈(Kevin)과 함께 자동차 사고를 당한 뒤 혼수상태에 빠져 있는 동안 경험한 것을 묘사했다. 당시 알렉스는 여섯 살이었고, 기적과 천사, 사후세계로 구성된 그의 이야기는 선풍적인 인기를 끌었다. 하지만 십대가 된 알렉스는 짧은 공개편지에서 그 모든 것이 거짓이었다고 밝혔다. "나는 죽지 않았다. 천국에 가지도 않았다. … 천국에 가 봤다고 하면 관심을 받을 수 있을 거라 생각했다."[1]

이렇게 알기도 어렵고 거짓말이 난무함에도 불구하고 우리는 여전히 천국에 대해 관심이 많다. 십 년 사이에 사후세계에 대한 관심은 더 높아졌다. 인간의 역사를 가만히 살펴보면 삶이 팍팍하고 불확실하며 위험할수록 사람들이 내세에 관해 더 많이 생각하는 경향이 있다. '이 세상'(아래)에서의 삶이 힘들수록 인간은 '저 하늘'(위)에서의 삶을 꿈꾼다. 그리고 오늘날의 세상이 낙원이 아니라는 것쯤은 세 살배기도 다 아는 일이다.

과학이나 의학, 교육, 구글이나 애플이 세상의 문제들을 해결해 줄 거라는 환상에서 사는 사람은 더 이상 없다. 세상은 몰라보게 발전했지만 매일같이 우리는 질병과 날씨, 테러, 사고, 범죄, 자연 재해로 목숨을 잃는 사람들을 보거나 그런 소식을 듣는다. 매일같이 우리는 죽음이 현실임을 다시금 확인한다. 그래서 우리는 매일같이 묻는다. 죽으면 어떻게 될까? 그냥 사라지는 것인가? 아니면 어떤 식으로든 죽음 이후에도 계속 삶이 이어질까?

지난 몇 년 사이에 사후세계를 다룬 동영상이나 인터뷰, 논문, 영화가 부쩍 늘었다. 하지만 정보가 많다고 해서 반드시 답에 더 가까워지는 것은 아니다. 더 많은 말이 반드시 더 많은 이해로 이어지지 않는다. 사실, 내세에 관한 정보들은 혼란과 불확실성만 가중시켰다.

사후세계에 관한 영화들을 보면서 천국에 관한 관념을 형성한 사람이 정말 많다. 이 영화들이 재미있기는 하지만 과연 무엇을 토대로 천국을 묘사하고 있는 것인가? 지난 십 년 사이에 사후세계에 관한 책들이 우후죽순처럼 쏟아져 나왔다. 하지만 천국이 어떤 모습이고, 누가 그곳에 가는지에 대해 저마다 다른 주장을 펼치고 있다. 그야말로 제멋대로다.

영화와 책, 논문 외에도 죽었다가 살아 돌아왔다고 주장하는 사람들이 끊이지 않는다. 그들의 사후세계 경험담은 많은 사람의 관심을 사로잡았다. 하지만 그들의 경험과 묘사도 제멋대로다. 누구를 믿을지 어떻게 아는가? 누구의 말을 믿어야 할까? 그들이 정말로 죽었던 것일까? 아니면 단지 꿈을 꾼 것인가? 단순한 체험을 제멋대로 해석한 것인가? 왜 어떤 이들은 빛의 터널을 보고 어떤 이들은 어둠의 터널을 보는가? 쉽게 말해, 이들은 도대체 무엇을 근거로 말하는 것인가? 오랫동안 많은 사람이 알렉스 말라키를 믿었는데, 누구의 말이 신빙성이 있고 누구의 말이 거짓인지를 어떻게 판단할 수 있는가? 말이 서로 어긋난다는 점은 또 어떻게 설명해야 할까?

천국에 관한 혼란이 극심한 이유는 간단하다. 수학이나 과학과 달리 천국에 대해서는 그 어떤 경험적 증거도 없기 때문이다. 천국의 존재를 증명할 수 있는 방정식도 없다. 천국을 시험관에 넣거나 현미경 아래 놓을 수도 없다. 그렇다면 천국이 정말로 있는지 어떻게 아는가? 천국에 관한 믿을 만한 권위자가 있는가?

천국에 관한 모든 논의의 핵심에는 '근거'의 문제가 있다. 천국에 관한 우리의 믿음과 소망, 선언은 무엇에 근거하는가? 예수 그리스도의 제자로서 우리는 오로지 하나님의 변함없고 영원한 말씀에 모든 믿음과 소망을 둔다. 그런데 성경에 대한 우리의 믿음은 단순한 바람이 아니다. 성경이 그 안에 기록된 주장대로 하나님의 영감으로 된 것이라는 확실한 증거가 있다.

성경에 관한 입장을 아직 정립하지 않았다면 직접 조사해 볼 것을 권한다. 성경은 세월의 시험과 비판의 칼날을 지금껏 다 이겨냈다(이에 관해서는 부록 1 "우리가 궁금한 천국에 대하여"에서 더 자세히 다루어 보자). 이 책은 오직 천국을 창조하신 분만이 그것에 관해 말할 자격이 있다는 기본적인 전제를 바탕으로 한다.

알렉스 말라키가 비록 거짓말을 하긴 했지만 양심선언을 한 뒤에는 꽤 쓸 만한 말을 했다. "사실, 천국에 갔다는 주장을 할 때는 성경을 읽어 본 적도 없었다. 사람들이 내 거짓말로 이익을 얻고 있다. 그들은 성경을 읽어야 한다. 성경만이 진리다. 사람이 쓴 것은 모두 불완전하다."[2]

자, 이제 우리는 이 책을 통해 천국에 관한 잡음과 억측의 안개를 차근차근 걷어내도록 하자. 그러고 나서 "천국에 관해 성경은 무엇이라 말하는가?"라는 질문에 답을 해 보자. 이 책을 통해 당신은 하나님이 그분의 자녀들에게 주시는 가장 큰 소망이자 약속인 천국에 관한 단순하고도 분명하며 실용적이고도 성경적인 시각을 얻게 될 것이다.

The Real Heaven

PART 1

천국을 잃어버린 시대를 향하여

천국은
막연하지 않다

Chapter 1

영화나 책을 통해서만
천국을 배운 사람들

위의 것을 생각하고 땅의 것을 생각하지 말라.

이는 너희가 죽었고 너희 생명이 그리스도와 함께

하나님 안에 감추어졌음이라.

우리 생명이신 그리스도께서 나타나실

그때에 너희도 그와 함께 영광 중에 나타나리라.

_골 3:2-4

"죽는 게 두렵구나."

아버지의 입에서 그런 말이 나올 줄은 상상도 못했다. 아버지는 제2차 세계대전 당시 지옥 같은 전장에서 살아난 강인한 해병이었다. 조국을 열렬히 사랑했던 할머니가 겨우 열일곱 살이었던 아버지를 입대시켰다고 한다. 몸이 남달리 건장하고 재빨랐던 아버지는 전략적 요충지였던 괌과 일본 이오지마에서 50구경 기관총 사수로 불타는 전쟁터를 누볐다. 아버지는 좀처럼 전쟁의 공포에 관해 입을 열지 않았지만 딱 두 번, 수많은 사람을 죽인 죄책감과 이오지마에서 상처를 입고 전우들이 죽어나가는 가운데 홀로 후송되었을 때의 죄책감을 이야기하신 적이 있다.

아버지는 사람들의 눈 속에 서려 있던 공포를 보셨다. 필시 스스로도 매일같이 그 공포와 싸우셨을 것이다. 집에 돌아온 아버지는 전쟁 후유증에 시달렸다. 한밤중에 갑자기 벌떡 일어나 집 안의 모든 문이 닫혔는지 확인하던 모습이 기억이 난다. 아버지는 전쟁터에서 입에 담을 수도 없는 악을 수없이 저지르고 또 목격하셨다. 고통을 달래기 위해 가끔 홀짝이던 술은 지독한 알코올 중독으로 발전했다. 전쟁의 망령은 평생 아버지를 따라다녔다.

말년에 아버지는 샤이 드래거 증후군(Shy-Drager syndrome)이라는 희귀한 병에 걸리셨다. 파킨슨 병, 다발성 경화증, 루게릭 병을 모두 합친 병이라고 보면 된다. 이 병과 싸우는 동안 아버지는 하루가 다르게 쇠약해져만 갔다. 처음에는 잘 걷지 못하더니 곧 휠체어를 타야 했고 결국에는 침대에 갇힌 신세가 되셨다.

오십 대가 되어서야 교회에 다니기 시작한 아버지는 예수님을 영접하고 나자 삶이 완전히 변했다. 하지만 죽음의 그림자가 드리우자 이 강인한 해병조차 두려움에 떨기 시작했다. 하루는 침대 옆에 앉아 있는 내게 떨리는 입술로 말씀하셨다. "죽는 게 두렵구나. 내 죄가 용서되었다는 것은 안다. 하지만 천국을 생각하면 아무것도 떠오르질 않아."

아버지에게 천국은 소망과 위로의 장소가 아니라 그저 추상적이고 막연하고 뜬구름 같은 것일 뿐이었다. 아버지는 그곳에 예수님이 계시고 천국이 좋은 곳이라는 사실을 믿었지만 천국을 생각할 때 죽음의 두려움을 걷어내고 깊은 평안을 줄 만한 것이 떠오르질 않았다. 아버지는 크리스천이었지만 아버지가 생각하는 천국의 개념은 너무도 애매하고 어렴풋해서 그 어떤 위로도 주지 못했다. 아버지와 같은 사람이 수없이 많으리라 생각한다.

아버지의 말을 듣고 아들이자 동시에 목사로서 정신이 번쩍 들었다. 천국에 관해 아버지에게 명쾌하게 설명해 줄 자신이 없었다.

수없이 성경을 공부하고 많은 주제로 설교를 해 왔지만 그 주제들 중에 천국은 없었다. 솔직히 천국에 대한 시각은 아버지의 시각과 별로 다르지 않았다. 천국에 관한 중요한 구절 몇 개가 머릿속에 떠오르긴 했지만 천국에 관해 분명하게 정립되어 있지는 않았다. 문득 신학교 시절을 돌아보니 천국에 관해 깊이 고민하고 공부한 기억이 별로 없었다.

그래서 아버지를 어떻게 위로할지 고민하다가 천국에 관한 책한 권을 드리기로 했다. 아버지는 그 책에 큰 관심을 보이셨고, 처음에는 직접 책을 읽기도 하셨다. 하지만 나중에는 병세가 악화되어 더 이상 앉아서 책을 읽으실 수가 없었다. 그래서 내 아내가 아버지의 머리맡에 앉아 그것을 읽어 주었다.

죽음을 앞 둔 아버지의 태도에서 극적인 변화가 나타난 것이 생생하게 기억난다. 그 책 덕분에 아버지는 천국이 실제로 어떤 모습일지를 알게 되었다. 하나님의 말씀에서 찾은 천국에 관한 진실은 아버지의 두려움을 기대감으로 바꾸어 놓았다. 어느 날 내가 아버지의 병실에 있을 때 간호사가 들어와 연명 치료에 관해 설명하고 나서 아버지의 의견을 물었다. 그러자 아버지는 주저 없이 이렇게 대답하셨다. "아가씨, 연명 치료는 됐어요. 억지로 숨만 붙어 있어서 뭐해요? 이곳보다 훨씬 좋은 천국에 갈 텐데요, 뭘."

믿을 수 없는 변화가 일어났다. 두려움과 불확실성은 온데간데 없어졌다. 공포도 걱정도 없었다. 오직 확신과 믿음만 가득했다. 천국에 관한 깊은 확신은 소망과 위로를 낳고 아버지의 마지막 날들을 더없이 풍요롭게 만들었다. 그 경험을 촉매재로 나는 성경이 천국에 관해서 실제로 무엇을 가르치는지 확인하기 위한 여행을 시작했다. 그 결과로 나는 하나님이 우리를 위해 예비하신 놀라운 곳에 관해 많은 것을 발견하고 가르치게 되었다. 이제 천국에 관한 이야기를 본격적으로 시작하면서 당신에게 몇 가지 질문을 던지고 싶다.

- 천국에 관해 얼마나 자주 생각하는가?
- 이번 주에 천국이란 단어가 몇 번이나 머릿속에 떠올랐는가?
- 대화 중에 천국에 관한 이야기를 해 본 적이 언제인가?
- 천국에 관한 설교를 들은 적이 언제인가?
- 천국에 관한 성경적인 시각을 갖고 있는가?

많은 사람이 내세에 관심이 있지만 정작 내세에 관해 깊이 고민하거나 진지하게 탐구하지 않는다.

지금 당신이 한 병실로 들어가고 있다고 상상해 보라. 복도를 지나 저 앞에 병실 문이 보인다. 약간 불쾌함이 느껴진다. 병원을 별로 좋아하지 않지만 백혈병으로 삶과 죽음을 오가는 어린 조카를 보러 억지로 발걸음을 했다. 조카 옆에 앉아 잠시 담소를 나눈다. 그런데 대화 도중 갑자기 조카가 당신의 두 눈을 똑바로 쳐다보며 묻는다. "삼촌, 제가 죽으면 어떻게 될까요? 천국은 어떤 곳이죠?"

이때 뭐라고 대답하겠는가? 당신이 아버지 앞에서 얼어붙었던 나와 달리 명쾌하게 설명할 수 있다면 좋겠지만 솔직히 대부분의 사람들은 성경에서 천국에 관해 무엇을 가르치는지 잘 모르고 있다. "눈물도 슬픔도 없고 예수님이 계시는 곳이야."

누구나 여기까지는 잘 나간다. 하지만 이 대목을 넘어가면 횡설수설하기 십상이다. 우리는 천국이 크리스천이 영원히 살 곳이라는 사실을 알면서도 그곳에 관해 별로 생각하지 않는다. 천국에 대한 관심보다 오늘 점심을 어디서 먹을 것인가에 더 관심이 있어 보인다. 대부분의 사람들에게 천국은 오늘의 삶과 별로 상관이 없는, 막연하고도 추상적인 곳일 뿐이다. '지금 이곳에서' 사느라 바빠 천국에 관해 생각할 겨를이 없는 것은 잘 알지만, 잠시 모든 것을 내려놓고 나와 함께 천국이 실제로 어떤 곳인지를 발견하기 위한 여행을 떠나지 않겠는가? 내일에 대한 확신이 오늘의 삶을 어떻게 변하게 할 것인지 알고 나면 기분 좋은 충격을 경험하게 될 것이다.

고고학자들이 고대 문화와 문명을 연구하면서 밝혀낸 사실 중 하나는 역사상 모든 문명이 내세를 믿었다는 것이다. 그러고 보면 인간은 현재의 세상이 전부가 아니라는 사실을 본능적으로 아는 게 분명하다. 실제로 전도서에서 솔로몬은 "하나님이 … 사람들에게는 영원을 사모하는 마음을 주셨느니라"고 말한다(전 3:11).

하나님은 우리 안에 내세가 존재한다는 직관적 지식을 심어 놓으셨다. 문제는 그 내세가 어떤 모습이냐 하는 것이다. 성경이 천국에 관해 실제로 무엇을 가르치는가? 이 답을 찾기 위한 여행을 시작하면서 당신에게 한 가지 경고하고 싶은 것이 있다. 이 책에서 당신은 뜻밖의 사실들을 새로 알게 될 것이다. 천국은 당신이 생각하는 곳과 다르다. 그리고 당신이 상상하는 것보다 훨씬 좋은 곳이다.

대부분의 사람들이 머릿속에 그리는 천국의 모습은 성경에서 가르치는 것보다 영화 속 모습을 훨씬 더 닮아 있다. 한번 자신을 점검해 보라. 천국을 생각하면 무엇이 떠오르는가? 어떤 이미지들이 보이는가? 대다수 크리스천들과 같다면 당신의 관념은 성경에서 묘사한 천국의 모습과 전혀 딴판일 것이다.

그래서 이제부터 우리가 던지고 답하려는 질문은 이것이다. 성경에서 실제로 천국에 관해 어떻게 말하는가? 다른 책이나 영화에서 그린 천국의 모습은 머릿속에서 지워 버리자. 사망 상태에서 사후세계를 경험한 근사체험자들의 말도 잊어버리라. 이제부터는 오직 하나님이 천국에 관해 해 주신 말씀에만 초점을 맞출 것이다.

천국에 관해 하나님이 뭐라고 말씀하셨는지 확인하기 위해 성경을 파헤치기 전에 먼저 한 가지 질문을 더 해 보자. 그런데 "왜 천국을 공부해야 하는가?"

이 주제가 중요하고 필요한 세 가지 이유를 제시하려 한다.

천국에 관한 오해가
악영향을 끼치고 있다

대부분의 사람들은 천국에 관해 몇 가지 오해를 하고 있다. 첫째, 우리는 천국에 관해 많은 것을 알 수 없다고 생각하는 경향이 있다. 물론 천국에 실제로 가서 보기 전까지는 알 수 없는 것들이 있다. 하지만 성경은 천국에 관해 예상 외로 많은 정보를 제공하고 있다. 그리고 성경에서 묘사한 천국의 모습은 대중 영화들이 우리 속에 심어 준 이미지들과 전혀 딴판이다.

우리가 품고 있는 두 번째 오해는 천국에서의 삶이 지금 이곳에서의 삶과 전혀 다를 것이라는 생각이다. 우리는 형체 없는 영혼들이 공중을 떠다니며 하루 종일 하프를 켜는 모습을 상상한다. 또 영화 속 천사들처럼 우리도 날개가 생길 것이라 생각한다. 어떤 영화에서처럼 천국을 건물도 가구도 없이 안개만 가득한 곳으로 상상하는 사람들도 있다. 모두가 헐렁한 하얀색 예복을 입기 때문에 색깔도 패션도 없는 곳으로 여긴다. 벨트도 스카프도 귀걸이도 팔찌도 조끼도 스웨터도 바지도 없는 그런 곳을 상상한다. 어느 영화에서처럼 천국의 바닥은 항상 짙은 안개로 덮여 있어 사람들의 발을 볼 수 없는 것 같기도 하다. 그렇다면 천국은 필시 거대한 연무기인가? 나는 이처럼 별세계를 상상하는 것이 천국에 관해 진지하게 고민하지 않는 주요 원인 중 하나라고 생각한다.

많은 크리스천이 빠져 있는 세 번째 오해는 천국이 사시사철 예배만 드리는 곳이라는 것이다. 나는 목사이고 훌륭한 설교와 예배 음악을 즐기지만 끝없이 예배만 드린다고 생각하면 절로 하품이 나온다. 그토록 많은 크리스천이 천국에 전혀 관심이 없는 것도 무리는 아니다. 한번은 학생들에게 예수님의 재림과 천국에 관한 이야기를 했더니 몇몇 학생이 이런 말을 했다. "제가 결혼생활을 해보기 전까지 예수님이 세상에 오시지 않았으면 좋겠어요."

그런가 하면 하와이 여행을 계획 중인 한 노부부는 이렇게 말했다. "제발 예수님이 우리의 하와이 여행이 끝나고 오셨으면 좋겠어요."

많은 사람이 천국을 잘 모르면서도 결혼생활이나 하와이 여행보다는 좋은 곳일 리가 없다고 확신한다. 이런 오해의 결과는 뻔하다. 영원한 시각이 아닌 지극히 일시적인 시각에 따라 살게 만든

다. 눈앞의 것만 바라보며 살게 된다. 하지만 교회 역사의 처음 2천
년 동안 대부분의 크리스천들이 살아왔던 삶은 이와 정반대였다.
그들에게 천국은 모든 가르침과 대화에서 빠질 수 없는 중심주제
였다. 천국은 찬양의 중심주제이기도 했다. 그러던 것이 지난 몇 백
년 사이에 완전히 바뀌었다.

이상하게 들릴지 모르지만 영원한 시각을 품는 데 가장 큰 걸림
돌 중 하나는 이 땅에서의 편안한 삶이다. '이곳'(땅)의 삶이 편안할
수록 '저곳'(하늘)을 향한 갈망은 줄어든다. 따뜻하고, 부족함이 없는
지금의 삶이 전부이며 영원히 살 것 같은 착각에 빠져든다. 머리로
는 그렇지 않다는 것을 알면서도 이 세상 삶을 살기에 바빠 내세를
까마득히 잊어버린다.

아버지가 세상을 떠나고 아내가 유방암과 사투를 벌일 때 나는
이 세상 삶이 언제 깨질지 모르는 유리알일 뿐이라는 사실을 똑똑
히 깨달았다. 미래는 아무도 모른다. 내일이면 또 다시 불경기나 테
러 공격, 자연 재해가 찾아올지 모른다. 하룻밤 사이에 주가가 폭락
하거나 회사에서 인원 감축의 칼바람이 불지도 모른다. 자동차 사
고와 심장마비, 암은 사람을 가리지 않고 찾아온다. 이 세상에는 우
리가 통제할 수 없는 것이 너무도 많다.

삶이 무너져 내리고 죽음이 눈앞에 다가오면 더 이상 천국이 남
의 이야기처럼 들리지 않는다. 평온하기만 하던 일상이 위기와 비

극을 만나면 정신이 번쩍 든다. 내일이 보장된 게 아니구나 하는 생각이 든다. 암에 걸린 사람을 만나거나, 심한 지병을 앓는 사람과 이야기를 나누거나, 지독한 가난이 드리운 제3세계를 보고 나면 그들이 우리보다 천국에 관해 더 많이 생각한다는 것을 알 수 있다.

우리는 삶이 편하다 보니 천국에 관해 고민할 필요성을 잘 느끼지 못한다. 우리에게 천국은 그저 막연하고 불가사의하며 지루한 곳일 뿐이다. 공식적으로 조사를 해 보진 않았지만 30년간 목회를 하면서 보니 대부분의 교인들이 특별히 위기에 처하지 않고서는 천국에 관심조차 없다. 아무쪼록 이 책을 통해 이 땅에 삶의 초점이 천국으로 변하기를 원한다.

오랜 여행을 마치고 집에 돌아오는 기분을 알 것이다. 수없이 걷고 낯선 곳에서 잠을 청하느라 파김치가 된 몸으로 집 앞에 차를 세운다. 현관으로 들어가 여행 가방을 내려놓으니 "역시 집이 좋구나!"라는 탄성이 절로 나온다. 몸의 긴장이 풀리고 스트레스가 사라진다. 집에 돌아오면 안도감과 기쁨, 편안함이 한꺼번에 밀려온다. 영화 〈오즈의 마법사〉(The Wizard of Oz)에서 도로시가 말한 것처럼 "집 같은 곳이 없다".[3] 집에 돌아온 기분을 수백만 배로 증폭시켜도 천국의 느낌에 근접조차 할 수 없다.

이 점을 이해하지 못하고 계속해서 오해를 품고 살아가면 천국에 관심이 생길 수가 없다. 그 결과는 비극적이다. 천국에 궁극적인 소망을 두지 않으면 이 세상과 사람들에게 지나치게 의존하고 집착하게 된다. 하지만 배우자나 친구들, 직장은 언제나 우리를 실망시키게 되어 있다. 이것이 성경에서 우리에게 천국에 관해 정확하고도 분명하게 생각하라고 명령하는 이유다.

대부분의 근심은
이해하지 못함에서 비롯된다

둘째, 우리는 천국에 관해 생각하라는 명령을 받았다. 이것은 단순히 좋은 제안이나 아이디어가 아니라 명령이다.

그러므로 너희가 그리스도와 함께 다시 살리심을 받았으면 위의 것을 찾으라. 거기는 그리스도께서 하나님 우편에 앉아 계시느니라. 위의 것을 생각하고 땅의 것을 생각하지 말라. 이는 너희가 죽었고 너희 생명이 그리스도와 함께 하나님 안에 감추어졌음이라. 우리 생명이신 그리스도께서 나타나실 그 때에 너희도 그와 함께 영광 중에 나타나리라(골 3:1-4).

보다시피 사도 바울은 이 짧은 구절에서 두 가지 명령을 전한다. 첫 번째 명령은 위의 것을 '추구'하라는 것이다. 두 번째 명령은 위의 것을 '생각'하라는 것이다. 하나님의 명령은 언제나 우리에게 유익하다. 그래서 순종하면 은혜를 받고 주님의 평강을 누린다. 명령은 의식적으로 무엇을 행하라는 뜻이다. 대부분의 사람들 마음은 이 세상의 것에 쏠려 있다. 이 세상의 압박과 유혹이 우리의 정신과 마음을 사로잡고 있다. 그 결과, 우리는 일시적인 것들에 집착해 있다.

얼마 전 마흔세 살의 구글 경영자와 오찬을 함께 했다. 그는 돈과 행복한 가정을 동시에 손에 쥐었지만 안타깝게도 말기 암 진단을 받았다. 당시 나는 2주간 몸이 아프고 이 책까지 쓰느라 설교 준비가 늦어져서 심기가 불편한 상태였다. 하지만 그로부터 '암'이라는 단어를 듣는 순간, 내 작은 문제로 인한 스트레스는 순식간에 날아갔다.

우리의 근심과 걱정은 대개 천국을 분명히 이해하지 못한 데서 비롯한다. 대부분의 스트레스는 영원한 시각을 품고 내세에 소망을 두지 않은 결과다. 그래서 천국을 공부하면 이 땅에서의 삶에 실질적인 영향을 미친다. 천국을 분명히 이해하고 갈망하게 되면 이 땅에서 중요한 일들에 대해 지혜로운 선택을 내리는 것에 도움이 된다. 이것은 매우 중요한 이유이다.

천국의 진리를 알면
삶의 변화를 맛본다

셋째, 천국에 대해 그릇된 생각은 이 땅에서의 삶을 허비하게 한다. 이 말대로라면 천국에 대한 공부가 훨씬 더 중요하게 느껴질 것이다. 이 점을 이해하기 위해 요한의 책을 읽어 보자.

예수님께서는 사랑하는 제자에게 배신을 당하고 십자가에 달리시기 전 제자들과 마지막 밤을 보내고 계신다. 예수님은 하늘로 돌아가신 뒤에 그들이 일을 맡아서 할 수 있도록 지난 3년간 열심히 훈련시키셨다. 요한복음 13장에서 예수님은 그들의 발을 씻기고 함께 주의 만찬을 나누신다. 유다는 이제 예수님을 배신하러 가는 중이다. 예수님은 세상을 변화시킬 열한 명의 평범한 남자들과 함께 그 자리에 앉아 계신다. 자, 이제 예수님이 그들에게 무슨 말씀을 하실까? 당신이 예수님이고 지금이 병사들에게 연설할 마지막 기회라면 무슨 말을 하겠는가? 하나님의 나라를 넓히기 위한 전략을 설명하겠는가? 제자들의 서열을 정리하겠는가? 교회가 가장 중점적으로 해야 할 일들에 관해 소개하겠는가? 당신이 예수님이라면 뭐라고 말하겠는가?

예수님은 제자들의 앞길에 무엇이 놓여 있는지를 분명히 알고 계셨다. 그들이 사람들에게 외면과 핍박과 고난을 당할 줄 알고 계셨다. 한 명만 **빼고** 모두가 믿음을 지키다가 순교할 줄 알고 계셨다. 그들이 예수님의 메시지를 들고 복음에 적대적인 곳들을 찾아갈 줄 알고 계셨다. 그들의 가족들이 얼마나 힘들지도 알고 계셨다. 이런 상황으로 볼 때 예수님은 그들에게 마지막으로 어떤 말씀을 남기실까?

추측할 필요는 없다. 예수님이 제자들에게 하신 말씀은 성경에 정확히 기록되어 있기 때문이다.

> 너희는 마음에 근심하지 말라. 하나님을 믿으니 또 나를 믿으라. 내 아버지 집에 거할 곳이 많도다. 그렇지 않으면 너희에게 일렀으리라. 내가 너희를 위하여 거처를 예비하러 가노니 가서 너희를 위하여 거처를 예비하면 내가 다시 와서 너희를 내게로 영접하여 나 있는 곳에 너희도 있게 하리라 (요 14:1-3).

예수님은 천국의 영원한 집에 시선을 고정하면 아무리 힘든 고난도 너끈히 이겨낼 수 있다는 사실을 아셨다. 삶이 고단하고 핍박이 몰려올 때 천국의 소망이 그들로 하여금 끝까지 버틸 힘을 줄 것이다. 히브리서 기자가 말하듯이 그들은 하나님이 건설하고 계신 새 예루살렘을 기다리고 있었다. 그리고 그곳은 실체가 없는 막연한 곳이 아니다. 천국에 대한 그들의 관념은 분명하고도 구체적이었다. 그들에게 천국은 만질 수 있는 실체이며 더없이 매력적인 곳이었다.

천국이 예수님께 그토록 중요하고 우리가 천국에 관해 생각하라는 명령을 받았다면 지난 몇 백 년 동안 우리는 왜 그토록 지독한 오해에 빠져 있었을까?

'거짓의 아비'는 우리가 자신이 다스리는 세상에 푹 빠져 살기를 원한다. 요한복음 8장 44절은 사탄이 거짓말쟁이요 거짓의 아비라고 말한다. 사탄은 기만의 달인이다. 사탄은 우리가 하나님이 예비하신 천국을 분명히 이해하도록 놔두지 않는다. 사탄의 거짓말에 속아 구름 위를 떠다니며 종일 하프나 켜는 천국 삶을 상상하면 그 천국에 관해 진지하게 고민하지 않게 된다. 천국이 지루한 예배의 끝없는 연속이라는 거짓말에 속으면 천국을 향한 갈망을 잃어버린다. 이 세상에 진정한 행복이 있다는 거짓말에 넘어가면 천국에 관해 자주 생각하지 않게 된다.

우리의 신학이 천국을 강조하지 않는다. 내 서재에 있는 신학 고전 몇 권을 확인해 보았다. 대부분의 복음주의 목사들이 서재에 꽂아놓고 있거나 최소한 잘 알고 있는 책들이다. 그중에서 6권으로 구성된 조직 신학 전집에는 새 하늘과 새 땅에 관한 내용이 겨우 두 페이지다. 737페이지에 달하는 벌코프(Berkhof)의 신학 책에는 새 하늘과 새 땅에 관한 분량이 달랑 한 페이지다. 지독히 두꺼운 백스터

(Baxter)의 신학 고전 *Explore the Book*(그 책을 탐구하라)에도 천국과 영원을 다룬 내용은 겨우 네 페이지 정도다. 역사상 가장 위대한 신학 책들에서 천국의 교리는 거의 빠진 것이나 다름없는 상태에 놓여 있다.

그 결과, 나 같은 목사들은 천국에 대해 제대로 배우지 못했다. 다양한 종말론에 관해서는 배웠지만 천국 자체에 관해서는 거의 배운 바가 없었다. 그래서 기독교 내에서 천국에 관한 설교를 찾기가 어렵다. 목회의 초점은 사람들이 영원한 세상을 준비하도록 돕는 것이 아니라 거의 전적으로 이 일시적인 세상에서 잘 살도록 돕는 데 맞추어져 있었다.

설상가상으로 현대 세상은 '바로 지금'만을 외치는 세상이다. 우리는 지금 당장 모든 것을 갖기 원한다. 사람들은 기다리는 것을 싫어한다. 그래서 만족 지연(delayed gratification)은 생소한 개념이 됐다. 천국을 바라보는 시각이 왜곡되니 이생을 바라보는 시각까지 왜곡되었다. 우리가 세상에 푹 빠져 유혹을 이겨내지 못하고 우리의 우선순위가 왜곡된 주된 이유 중 하나는 천국이 실제로 어떤 곳인지를 제대로 모르기 때문이다. 천국에 관한 성경적인 진리를 알면 우리의 삶이 실질적으로 달라진다.

그래서 이제 하나님이 천국에 관해 무슨 말씀을 하셨는지 발견하기 위한 여행으로 당신을 초대한다. 이 여행을 마칠 무렵, 당신의 시각은 완전히 달라져 있을 것이다. 바라는 것도 달라지고 우선순위도 달라질 것이며, 이 세상을 바라보는 눈도 많이 달라질 것이다. 궁극적으로 당신의 삶이 변할 것이다.

Chapter 2

성경이 말해 주는
천국에 대한 이해가 없다

내 아버지 집에 거할 곳이 많도다.
그렇지 않으면 너희에게 일렀으리라.
내가 너희를 위하여 거처를 예비하러 가노니 가서
너희를 위하여 거처를 예비하면 내가 다시 와서
너희를 내게로 영접하여 나 있는 곳에 너희도 있게 하리라.

_ 요 14:2-3

나의 할머니는 어린 시절 스코틀랜드에서 조각배를 타고 미국으로 오셨다. 아주 잠깐이었던 스코틀랜드의 삶을 통해서 그들의 정신은 할머니 속에 깊이 뿌리를 내렸다. 그래서 일부 어떤 단어들에 대해서는 절대 영어를 사용하지 않고 굳이 스코틀랜드 방언을 사용하시는데 나로서는 알아듣기 힘들어서 곤혹스러울 때가 한두 번이 아니었다.

할머니를 우리 집에 모시고 올 때마다 나는 할머니의 짐을 챙기는 임무를 맡곤 했다. 처음 할머니가 '그립'(grip)을 가져오라고 시키셨을 때가 지금도 기억이 난다. 그때 나는 잘못 들은 줄 알고 할머니에게 다시 말해 달라고 부탁했다. 그러자 할머니는 다시 집 안의 한쪽을 가리키며 저 '그립'(큰 여행 가방의 구식 표현)을 차에 실으라고 말씀하셨다. 나는 머리를 긁적이며 할머니가 가리키는 방향으로 가면서 뭘 가져다 놓으라는 건지 다시 말해 달라고 부탁했다.

결국 할머니는 인상을 한번 찡그리고는 여행용 가방을 들어 손에 쥐어 주며 "이 '그립'을 차에 실어!"라고 한 단어씩 힘을 주어 말씀하셨다. 나는 이때의 추억을 떠올리며 천국에 관한 혼란이 극심한 이유도 이와 비슷하다는 생각을 해 봤다.

알다시피 한 단어에 여러 가지 뜻이 있을 수 있다. 예를 들어, '포인트'(point)는 연필의 끝을 말할 수도 있고 중요한 '핵심'이라는 용례로 쓰일 수도 있다. 마찬가지로, 천국에 해당하는 단어인 '하늘'(Heaven)은 성경에서 여러 가지 뜻으로 쓰인다. 따라서 성경에서 천국에 관해 뭐라고 말하는지 정확히 이해하려면 '하늘'이란 단어부터 살펴야 한다. 성경에서 '하늘'은 다음 세 가지 의미로 사용된다.

- 실제 하늘
- 별들
- 하나님의 거처

첫째, '하늘'이란 단어는 말 그대로 하늘을 뜻한다.

둘째, '하늘'이란 단어는 별들과 해, 우주에 관해 이야기할 때 사용된다. "하늘이 하나님의 영광을 선포하고 궁창이 그의 손으로 하신 일을 나타내는도다"(시 19:1). "하나님이 해를 위하여 하늘에 장막을 베푸셨도다"(시 19:4).

셋째, '하늘'이란 단어는 하나님의 거처를 지칭한다. 하늘은 하나님이 거하시는 곳이다. 이 책에서는 세 번째 하늘인 이 용례에 초점을 맞출 것이다.

요한계시록 4장과 5장에서 요한은 하나님의 보좌에 관해 말한다. 이는 하나님의 통치를 의미하기도 하지만 하나님이 거하시는 곳을 지칭하기도 한다. 물론 하나님은 편재하시다. 하나님은 천국에만 갇혀 계시지 않는다. 하나님의 임재는 어디서나 발견될 수 있다.

예를 들어, 솔로몬의 성전 봉헌 기도를 보면 이런 대목이 나타난다. "하나님이 참으로 땅에 거하시리이까? 하늘과 하늘들의 하늘이라도 주를 용납하지 못하겠거든 하물며 내가 건축한 이 성전이오리이까?"(왕상 8:27)

시편에 기록된 다윗의 기도도 하나님의 편재를 말하고 있다.

> 내가 주의 영을 떠나 어디로 가며 주의 앞에서 어디로 피하리이까? 내가 하늘에 올라갈지라도 거기 계시며 스올에 내 자리를 펼지라도 거기 계시니이다. 내가 새벽 날개를 치며 바다 끝에 가서 거주할지라도 거기서도 주의 손이 나를 인도하시며 주의 오른손이 나를 붙드시리이다(시 139:7-10).

하지만 하나님이 거하시는 곳, 한 점의 죄도 없는 곳, 하나님이 온전한 영광으로 보이시는 곳이 있다. 그곳이 바로 천국이다. 이 책에서 우리는 현재의 천국(Intermediate Heaven), 죽음 직후에 일어나는 일, 하나님이 우리를 위해 예비하신 새 땅 위에 펼쳐질 새 하늘에 관해 배우게 될 것이다. 하지만 이 주제가 워낙 많은 혼란을 빚어왔기 때문에 기본부터 시작해 보자.

일반적 진리로
천국의 약속을 배우다

성경은 천국이란 곳에 관한 약속으로 가득 차 있다. 자 이제 '성경에서 직접 뽑아낸' 천국에 관한 '일반적인 진리들'을 살펴보자. 먼저 이런 진리들을 개괄적으로 검토하고 나서 이어지는 장들에서 각 개념들을 깊이 파헤쳐 보자.

천국은 실재하는 유형의 장소다(요 14장)

천국은 이론적인 개념이나 마음의 상태가 아니다. 인간의 상상 속에만 존재하는 곳이 아니다. 마이애미나 런던, 도쿄처럼 천국도 실제로 존재하는 곳이다. 요한복음 14장에서 예수님은 제자들을 위한 "거처"를 예비하러 간다고 말씀하셨다. 예수님은 마음의 상태를 예비하기 위해 가시지 않았다. 어떤 개념을 예비하기 위해 가신 것도 아니다. 예수님은 하나님과 개인적인 관계를 맺은 사람들을 위해 실질적인 장소를 예비하기 위해 가셨다.

> 내 아버지 집에 거할 곳이 많도다. 그렇지 않으면 너희에게 일렀으리라. 내가 너희를 위하여 거처를 예비하러 가노니 가서 너희를 위하여 거처를 예비하면 내가 다시 와서 너희를 내게로 영접하여 나 있는 곳에 너희도 있게 하리라. 내가 어디로 가는지 그 길을 너희가 아느니라(요 14:2-4).

여기서 주목해야 할 점은 세 가지다. 첫째, 예수님은 아버지 집이라는 표현을 사용하셨고 그 집에 방이 많다고 말씀하셨다. 둘째, 이 짧은 구절에서 예수님은 "거처"란 표현을 두 번이나 사용하셨다. 여기서 "거처"로 번역된 단어는 집이라기보다는 부모가 결혼한 자식들의 가족과 함께 대가족을 이루어 사는 큰 집의 방들을 지칭한다. 마지막으로, 예수님은 우리와 함께 지내기 위해 우리를 데리러 오겠다고 말씀하셨다. 따라서 예수님이 실재하는 어떤 집에 거하고 계신다면 우리는 언젠가 그 집에서 그분과 함께 살게 될 것이다.

성부 하나님이 그곳에 계시고(마 6:9),

예수님이 그분의 오른편에 계신다(롬 8:34)

예수님이 산상수훈을 통해 제자들에게 가르쳐 주신 모범 기도는 "하늘에 계신 우리 아버지"를 부르면서 시작된다. 로마서 8장에 따르면 예수님은 십자가에서 돌아가셨다가 부활하신 후 승천하시어 하나님의 우편에서 우리를 위해 중보하신다. 사도행전 7장을 보면 스데반은 돌에 맞아 죽는 순간 하늘이 열리고 예수님이 하나님의 우편에 서 계신 모습을 보았다. 예수님은 이 땅에서 태어나기 전에 천국을 경험하신 분이다. 따라서 천국과 영생에 관한 예수님의 말씀에는 권위와 신빙성이 있다.

모든 신자가 그곳에 있다(히 12:23)

히브리서 12장은 '장자들의 모임'에 관한 이야기를 한다. 이는 하나님의 장자이신 예수님께 속한 교회를 지칭한다. 예수 그리스도의 교회는 그리스도를 믿는 모든 자들로 이루어져 있다. 히브리서 기자는 장자들의 모임을 언급한 뒤에 이어서 모든 신자의 이름이 천국에 기록되어 있다고 말한다.

천국에는 모든 나라의 백성이 있을 것이다
그리고 그 모든 사람이 새 노래를 부를 것이다

천국의 보좌 주변에서 펼쳐지는 이 장엄한 장면에서 네 생물과 24장로는 오직 예수님께만 말세의 사건들을 담은 두루마리의 인장을 뗄 자격이 있다고 선포한다. 모든 나라의 백성이 복음을 받아들여 천국에 들어갈 수 있는 것은 전적으로 예수님이 죄 없이 십자가 위에서 희생을 당하신 덕분이다.

> 두루마리를 가지시고 그 인봉을 떼기에 합당하시도다. 일찍이 죽임을 당하사 각 족속과 방언과 백성과 나라 가운데에서 사람들을 피로 사서 하나님께 드리시고 그들로 우리 하나님 앞에서 나라와 제사장들을 삼으셨으니 그들이 땅에서 왕 노릇 하리로다(계 5:9-10).

이 장면은 하나님의 마음을 잘 보여 준다. 아마도 천국은 다인종 사회일 것이다. 각 나라에서 모인 사람들이 하나님의 보좌 주변에서 새 노래를 부를 것이다.

우리의 이름이 그곳에 기록되어 있다(눅 10:20)

누가복음 10장은 매우 흥미로운 사건 하나를 기록하고 있다. 예수님은 72명의 제자를 둘씩 묶어 주변 마을들로 보내셨다. 파송의 목적은 병자들을 치유하고 예수님에 관한 복된 소식을 전하는 것이었다. 성경은 72명의 제자들이 기뻐하며 돌아와 이렇게 말했다고 전한다. "주여, 주의 이름이면 귀신들도 우리에게 항복하더이다"(요 10:17).

이것이 최초의 선교 보고였다. 이 예수님의 첫 제자들은 자신들에게 귀신까지도 굴복시키는 힘과 권위가 있다는 사실에 놀라움을 감추지 못했다. 그때 예수님은 재빨리 이렇게 경고하셨다. "귀신들이 너희에게 항복하는 것으로 기뻐하지 말고 너희 이름이 하늘에 기록된 것으로 기뻐하라"(요 10:20).

해석하자면 이런 뜻이다. "귀신들을 굴복시키는 것이 대단하기는 하지만 너희가 받은 가장 큰 선물은 너희 이름이 천국에 기록된 것이라는 점을 잊지 마라."

세미나에 참석할 때 참석자 명단에 당신이 이름이 있는지 확인했던 경험이 있는가? 당신이 이름을 말하자 사람들이 명단을 뒤진다. 잠시 후 이름을 찾았다면서 당신에게 명찰을 준다. 명단에 이름이 쓰여 있다는 것은 그 모임에 속했다는 뜻이다. 세미나에 참석할 자격을 갖추었다는 뜻이다. 천국에 대해서도 마찬가지다. 당신의 이름이 천국에 쓰여 있다는 것은 예수님을 믿은 사람으로서 그곳에 속했다는 뜻이다. 그곳에 들어갈 자격을 갖추었다는 뜻이다.

그곳에 우리의 유산이 있다(벧전 1:3-4)

베드로전서에서 우리는 다음과 같은 놀라운 약속을 발견할 수 있다.

우리 주 예수 그리스도의 아버지 하나님을 찬송하리로다. 그의 많으신 긍휼대로 예수 그리스도를 죽은 자 가운데서 부활하게 하심으로 말미암아 우리를 거듭나게 하사 산 소망이 있게 하시며 썩지 않고 더럽지 않고 쇠하지 아니하는 유업을 잇게 하시나니 곧 너희를 위하여 하늘에 간직하신 것이라(벧전 1:3-4).

잠시 당신의 아버지가 갑부라고 상상해 보라(모르긴 몰라도 상상하기가 쉽지는 않을 것이다). 하루는 아버지가 당신에게 찾아와 전 재산을 주겠다고 약속한다. 상상만 해도 즐겁지 않은가? 그런 말을 듣는 순간, 당신의 심장 박동 수가 늘어나고 안면에 미소가 번질 것이다.

그런데 그보다 더 좋은 소식이 있다. 하늘 아버지께서 당신에게 영원한 유산을 약속하셨으며, 그 유산은 천국에 안전하게 보관되어 있다. 이것은 단순히 기분 좋은 상상이 아니다. 억만금보다 훨씬 더 좋은 곳인 영원한 천국이 실제로 당신을 기다리고 있다.

우리의 시민권은 그곳에 있다(빌 3:20)

빌립보서 3장 20절에서 사도 바울은 이렇게 말한다. "그러나 우리의 시민권은 하늘에 있는지라 거기로부터 구원하는 자 곧 주 예수 그리스도를 기다리노니."

"이 세상은 우리의 집이 아니네"라는 옛 노래가 있는데 참으로 옳은 말이다. 성경은 우리가 이 세상을 잠시 지나는 순례자요 유목민이라고 말한다. 이것이 우리가 세상에 너무 깊이 뿌리 내리지 말아야 하는 이유 가운데 하나다. 이런 식으로 생각하면 쉽다. 일본 주재 미국 대사는 잠시 일본에 거주하는 것일 뿐 국적은 여전히 미국이다. 그가 미국 시민권을 버리는 것은 일종의 배신이다. 마찬가지로 크리스천들이 이 세상의 시민인 것처럼 행동하는 것은 영적 배신이다. 고린도후서에서 바울은 우리가 우리의 왕을 대리하는 사자들이라고 말한다. 하지만 우리의 시민권은 다른 곳에 있다. 우리는 하늘나라에 속해 있다. 그리고 하늘나라의 시민이라는 사실만으로 우리에게 딸려 오는 특권과 복들이 있다. 이해하기 쉽지 않겠지만 예수를 구주로 믿은 순간 우리는 영적 여권을 받았으며, 이제 우리의 소속은 천국이다. 하나님은 우리가 천국 시민답게 행동하기를 바라신다.

그곳에서 영원한 상들을 받게 된다(마 6:19-21)

당신이 이 세상에서 하는 일이 천국에서의 삶에 영향을 미친다는 사실을 아는가? 산상수훈에서 예수님은 다음과 같이 명령하셨다.

너희를 위하여 보물을 땅에 쌓아두지 말라. 거기는 좀과 동록이 해하며 도둑이 구멍을 뚫고 도둑질하느니라. 오직 너희를 위하여 보물을 하늘에 쌓아두라. 거기는 좀이나 동록이 해하지 못하며 도둑이 구멍을 뚫지도 못하고 도둑질도 못하느니라. 네 보물 있는 그곳에는 네 마음도 있느니라(마 6:19-21).

예수님은 이 세상의 것들이 일시적이라는 점을 분명히 일깨워 주신다. 이 세상의 것들은 하나같이 닳고 바닥이 나고 망가지고 결국은 쓰레기통 속으로 들어간다. 당신이 몹시 갖고 싶어 하는 그 자동차도 기껏해야 몇 년밖에 가지 않는다. 따끈따끈한 최신 휴대폰도 1년 남짓이면 구식으로 전락한다. 당신이 고심 끝에 산 그 재킷도 내년 겨울이면 옷장 구석에서 잊혀지기 시작할 것이다.

하지만 우리가 천국에 쌓는 보물은 영원하여 썩지도, 녹이 슬지도, 망가지지도 않는다. 우리는 지금 사는 모습을 통해 천국으로 보물을 보낼 수 있다. 우리가 연금을 붓는 것은 나중에 쓰기 위해서 돈을 모으는 것이다. 영적으로도 마찬가지다. 우리가 시간과 재능, 돈을 하나님의 나라와 그분의 목적에 투자하는 것은 천국 연금을 붓는 것이다. 나중에 우리가 천국에 도착해 보면 우리가 쌓은 모든 보물이 그곳에서 우리를 기다리고 있을 것이다.

천국은 지구이되 훨씬 더 좋은 지구다(계 22장)

영화를 비롯한 대중문화에서 그리는 천국의 모습과 달리 우리는 흰색 예복을 입고 구름 위를 떠다니며 하프나 켜게 되지 않는다. 천국은 지극히 실질적인 곳이다. 지금 우리가 사는 세상은 타락한 옛 지구다. 하지만 새 하늘과 새 땅이 오고 있으며, 그것은 현재의 지구만큼이나 실질적이고 물질적인 유형의 지구다.

하지만 새 하늘과 새 땅은 현재의 지구보다 무한히 더 좋을 것이다. 죄와 질병, 오염, 재해로 망가지지 않은 곳이다. 지금 우리가 사는 지구는 하나님의 귀한 선물이긴 하지만 안타깝게도 죄로 얼룩지고 망가진 상태다. 과학적으로 혹은 환경적으로 아무리 발전을 이루어도 이 지구는 낙원이 될 수 없다. 우리는 하나님이 주신 이 지구의 선한 청지기가 되어야 하지만 이곳에 소망을 두어서는 안 된다. 하나님은 우리의 상상을 초월하는 새 하늘과 새 땅을 준비하고 계신다.

그곳에는 죄와 죽음, 슬픔은 없다(계 21:4)

천국은 몇 가지가 없다는 점에서 더없이 좋은 곳이다. 요한계시록 21장 4절에서 요한은 천국에 무엇이 없는지를 우리에게 알려 준다. "모든 눈물을 그 눈에서 닦아 주시니 다시는 사망이 없고 애통하는 것이나 곡하는 것이나 아픈 것이 다시 있지 아니하리니 처음 것들이 다 지나갔음이러라."

나는 사랑하는 사람을 잃고 슬퍼하는 유족들에게 항상 이 구절을 읽어 준다. 그들에게 죽은 가족이 죽음도 고통도 두려움도 없는 곳에 갔다는 사실을 일깨워 준다. 반대로, 관을 볼 때마다 우리는 이 세상에서는 죽음과 질병이 더없이 실질적이고도 고통스럽다는 사실을 실감하게 된다. 게다가 누구도 그것들을 피해갈 수 없다. 이 세상 어디에 숨어도 죽음의 마수를 피할 수 없다.

우리 모두는 죽을 수밖에 없는 존재들이다. 죽지 않는 사람은 아무도 없다. 누구도 죽음을 피할 수 없다. 전도서 8장 8절은 "죽는 날을 주장할 사람도 없으며"라고 말한다.

따라서 문제는 죽느냐 안 죽느냐가 아니라 언제 죽느냐 하는 것이다. 성경은 하나님이 우리의 날을 세셨다고 말한다. 하지만 하나님은 수첩을 공개하시지 않았다. 그래서 우리는 모두 각자의 마지막 날을 알지 못한다. 하지만 한 가지만큼은 확실하다. 그것은 바로 죽음이 다가오고 있다는 것이다. 혹시 죽어서 천국에 간다는 확신이 없거든 11장으로 넘어가 천국이 당신의 것이라는 확신부터 얻기를 바란다.

천국은 죽음과는 전혀 다른 곳이다. 죄와 죽음, 슬픔이 영원히 사라질 것이다. 장례식장도 묘지도 없는 곳을 상상해 보라. 병원도 재활센터도 없는 곳을 상상해 보라. 하나님이 바로 지금 당신을 위해 그런 곳을 예비하고 계신다.

모험, 일, 발견, 통치가 우리를 기다리고 있다(계 22장)

모험과 일은 우리가 천국과 잘 연결시키지 않는 것들이다. 천국은 형체 없는 영혼들이 구름 위를 떠다니는 곳이 아니다. 천국은 영원히 자리에 앉아 지루한 예배만 드리는 곳도 아니다. 천국에도 해야 할 일이 있다. 천국에서도 생산적인 활동과 모험, 새로운 경험을 하게 될 것이다. 천국에서도 배우고 일하고 창조적인 활동을 하게 될 것이다. 음악과 미술, 문화를 창조하면서 하나님의 무한한 지혜와 영광에 관해 계속해서 배우게 된다.

이런 현실을 이해하면 천국에 가고 싶은 마음이 생기기 시작하지 않는가? 아마도 바울이 천국을 그토록 갈망했던 것은 그곳을 잘 이해했기 때문일 것이다. 빌립보서에서 사도 바울은 상충하는 마음을 피력하고 있다. 감옥에 갇혀 사형이 거의 확실시 되는 상황인데도 바울의 말에서는 전혀 두려운 기색을 엿볼 수 없다. 대신, 그의 안에서 천국에 가고 싶은 마음과 이 땅에 남아서 빌립보 교인들을 돕고 싶은 마음이 상충하는 것을 볼 수 있다.

> 이는 내게 사는 것이 그리스도니 죽는 것도 유익함이라. 그러나 만일 육신으로 사는 이것이 내 일의 열매일진대 무엇을 택해야 할는지 나는 알지 못하노라. 내가 그 둘 사이에 끼었으니 차라리 세상을 떠나서 그리스도와 함께 있는 것이 훨씬 더 좋은

일이라 그렇게 하고 싶으나 내가 육신으로 있는 것이 너희를 위하여 더 유익하리라(빌 1:21-24).

여기서 바울은 죽는 것이 유익이며 이 세상을 떠나면 그리스도와 함께 있게 된다고 말한다. 이 세상을 떠나 그리스도와 함께 있고 싶다고 말할 정도로 바울의 천국관은 확실하고도 긍정적이었다.

자, 이제 당신에게 묻고 싶다. 당신의 천국관은 어떠한가? 당신도 바울처럼 천국만 생각하면 소망이 샘솟는가?

이번 장을 마치면서 신자에게 죽음은 그저 순식간에 하나님의 품으로 옮겨지는 것일 뿐이라는 성경의 분명한 가르침을 가슴에 새기기를 바란다. 바울의 말은 이생이 전부가 아님을 확인시켜준다. 죽음 이후에 삶이 있으며, 크리스천에게 그 삶은 그리스도와 함께 하는 삶이다. 천국에서 우리를 기다리고 있는 것은 우리의 모든 상상을 초월할 만큼 좋은 삶이다.

Chapter 3

모호한 천국으로는
소망이 없다

여호와 하나님이 땅의 흙으로 사람을 지으시고
생기를 그 코에 불어넣으시니 사람이 생령이 되니라.
여호와 하나님이 동방의 에덴에 동산을 창설하시고
그 지으신 사람을 거기 두시니라.

_창 2:7-8

천국 하면 우리는 '저 위' 혹은 하나님과 영원히 함께 살 '미래의 어느 날'을 떠올린다. 하지만 위와 앞만 바라보아서는 천국을 정확히 알 수 없다. 에덴동산을 돌아보면 하나님이 우리를 위해 예비하고 계신 궁극적인 새 하늘과 새 땅에 대한 좀 더 정확한 그림을 얻을 수 있다.

충격적인 사실로 시작해 보자. 천국은 완벽하지만 완전하지 않다. 이상하다 못해 이단적인 말처럼 들릴지도 모르겠다. 하지만 분명한 사실이다. 중요한 것이 빠져 있다. 아니, 더 정확히 말하면 '누군가'가 빠져 있다.

아버지로서 나는 자식이 집에 오기 전까지 걱정하며 기다리는 기분을 누구보다도 잘 알고 있다. 아이들이 어릴 적 우리 집에는 각자의 방이 있었다. 아이들은 내 성을 갖고 있기 때문에 노크를 하거나 허락을 구하지 않고 마음대로 우리 집에 들어와 냉장고에서 뭐든 꺼내 먹을 수 있었다. 아이들이 밖에 나가 있을 때면 걱정이 되고 보고도 싶어 견딜 수가 없었다. 물론 아이들이 밖에서 마음껏 친구들과 어울리고 남들을 섬기기를 원했다. 하지만 그러면서도 그 아이들이 어서 집에 돌아오기를 기다렸다.

아이들을 위한 방이 있는 것은 실제로 그 아이들과 함께 있는 것에 비할 수 없다. 곁에 있는 것이 중요하다. 같은 공간에 함께 있지 않고서는 온전히 누릴 수 없는 관계의 측면들이 있다.

바로 이것이 천국의 모습이다. 아버지 되신 하나님께서는 무엇보다도 우리와 함께하기를 원하신다. 우리가 어서 집으로 돌아와 그분의 품에 안길 날만을 손꼽아 기다리신다. 하나님의 자녀인 우리를 위해 천국에 이미 거처가 마련되어 있다. 자녀가 아버지께 속해 있는 것은 당연한 일이다. 하지만 우리가 천국 '집에 돌아오기' 전까지 천국은 완전하지 못하다.

이제 우리의 궁극적인 집에 관해 좀 더 정확히 이해하기 위해 성경에 기록된 하나님의 이야기를 전반적으로 살펴보자. 다시 말하지만, 천국을 우리가 죽으면 가는 곳이라기보다는 주로 하나님의 거처로 생각하기를 바란다. 천국 즉 '하늘'이란 단어가 눈에 띌 때마다 무엇보다 하나님이 계신 곳을 떠올려라.

그렇다면 하나님과 인류가 완벽한 환경에서 함께한 첫 장소는 어디일까? 에덴동산을 떠올렸는가? 정답이다. 에덴동산은 이 땅에 펼쳐졌던 천국이라고 할 수 있다. 하나님은 선하고 후하신 성품에 걸맞게 인류를 위해 완벽한 낙원을 창조하셨다. 그곳은 아름답고 풍성하고 완벽한 곳이었다. 해일이나 지진, 허리케인 따위는 없었다. 오염이나 지구온난화도 없었다. 모든 것이 완벽한 균형을 이루었다. 아래의 말씀을 천천히 읽으면서 하나님의 선하심과 은혜로우심을 음미해 보라.

> 하나님이 이르시되 우리의 형상을 따라 우리의 모양대로 우리가 사람을 만들고 그들로 바다의 물고기와 하늘의 새와 가축과 온 땅과 땅에 기는 모든 것을 다스리게 하자 하시고 하나님이 자기 형상 곧 하나님의 형상대로 사람을 창조하시되 남자와 여자를 창조하시고 하나님이 그들에게 복을 주시며 하나님이 그들에게 이르시되 생육하고 번성하여 땅에 충만하라, 땅을 정복하라, 바다의 물고기와 하늘의 새와 땅에 움직이는 모든 생물을 다스리라 하시니라. 하나님이 이르시되 내가 온 지면의 씨 맺는 모든 채소와 씨 가진 열매 맺는 모든 나무를 너희에게 주노니 너희의 먹을거리가 되리라. 또 땅의 모든 짐승과 하늘의 모든 새와 생명이 있어 땅에 기는 모든 것에게는 내가 모든 푸른 풀을 먹을거리로 주노라 하시니 그대로 되니라(창 1:26-30).

보다시피 하나님은 아담과 하와에게 모든 피조물을 다스릴 권한을 주셨다. 그러고 보면 인류는 하나님의 모든 피조물 중에서 첫 번째요 가장 높고도 귀한 존재임에 틀림이 없다. 하나님의 형상을 품은 피조물은 오직 인류뿐이다. 28절의 첫 문장 "하나님이 그들에게 복을 주시며"를 읽을 때마다 기분이 좋아진다. 우리에게 유익하고 즐거운 것들을 아낌없이 주시는 것이 바로 하나님의 마음이다.

하나님은 아담과 하와에게 창조 행위에 참여할 특권을 주셨다. 생육하고 번성하라고 명령하신 것이 곧 그 특권을 의미한다. 하나님은 다 자란 인간들이 하늘에서 뚝 떨어지게 하실 수도 있었다. 아담과 하와를 만드실 때와 같은 방식으로 더 많은 인간을 만드실 수도 있었다. 하지만 하나님은 그러시지 않고 아담과 하와에게 출산의 기쁨과 특권을 주셨다.

29절에서 하나님은 아담과 하와에게 기본적인 필요 외에 넘치도록 공급하셨다. '씨 맺는 모든 채소'와 '씨 가진 열매 맺는 모든 나무'라는 대목에서 보듯이 하나님은 풍성하고도 다채롭게 공급해 주셨다. 또한 30절의 말씀처럼 '모든 푸른 풀'을 주셨다. 그야말로 샐러드 바의 원조가 아닌가. 하나님은 자녀들이 행복하기를 원하셨다.

하나님은 창조의 대미로서 자신의 형상을 따라 남자와 여자를 창조하셨다. 그러고 나서 그들에게 다른 모든 피조물을 다스릴 권한을 주시고 번성하여 이 땅을 가득 채우라고 명령하셨다. 유일한 제약은 선악을 알게 하는 나무의 열매를 먹지 말라는 것이었다. 복은 수없이 많고 제약은 딱 하나뿐이었다. 게다가 그 한 가지 제약조차 하나님의 사랑과 선하심에서 비롯한 것이었다. 하나님은 단지 우리에게 해가 되는 것을 금지하신 것뿐이다.

아담과 하와는 하루 종일 빈둥거리고만 있지 않았다. 그들은 동산을 돌보는 임무를 받았다. 그들에게는 목적이 있었다. 한편, 그 동산에서 그들은 필요한 모든 것을 얻을 수 있었다. 이 놀라운 동산은 선하신 하나님이 아담과 하와에게 꼭 맞게 공들여 창조하신 곳이었다.

예로부터 과학자들은 이 지구가 인류에게 얼마나 완벽한 곳으로 창조되었는지를 보며 놀라워했다. 지구의 축은 정확히 23.5도가 기울어져 있다. 덕분에 지구는 계절마다 다른 색깔의 옷으로 갈아입는다. 이 기울기는 극심한 열기와 극심한 냉기를 막는 역할도 한다. 덕분에 지구는 생명체가 살 만한 행성이 되었다. 지구에서 태양까지의 거리는 너무 멀지도 너무 가깝지도 않다는 점에서 '골디락스 영역'(Goldilocks zone)으로 불리곤 한다. 지구는 태양에서 정확히 인류가 살 수 있는 거리만큼만 떨어져 있다. 그 거리는 물이 액체 상태로 존재할 수 있을 만큼의 거리이기도 하다. 당연한 말이지만 물은 생명체의 유지에 필수적이다. 지구의 크기도 정확히 현재의 대기를 담을 만큼의 크기다. 이 대기는 지구를 위한 일종의 담요 역할을 하며 우리가 살 수 있도록 질소(78%)와 산소(21%)가 정확한 비율로 섞여 있다.

진정 장엄하고도 정확하게 창조된 이 놀라운 세상은 자녀에게 완벽한 집을 마련해 주길 원하신 선한 하나님에 대한 확실한 증거다. 과학자들은 생명체의 존재를 위해 완벽히 갖추어야 하는 조건을 200개 이상 발견했다. 이 지구는 인류가 탐구해 온 그 어떤 행성과도 차별되는 유일무이한 행성이다. 생명체를 위한 극도로 희귀하고도 완벽한 환경이다. [4]

이 완벽한 환경 속에서 하나님은 아담과 하와에게 오셨고, 교제하셨다. 하나님은 그들과 함께 있으며 관계를 맺기 원하셨다. 우리가 에덴동산에 관한 이야기를 할 때는 주로 동산 자체를 강조한다. 정말로 완벽하고도 아름다운 동산이라며 감탄을 한다. 하지만 이 동산에서 가장 아름다운 것은 아담과 하와가 하나님과 누렸던 관계와 '공동체'였다.

에덴동산은 그 자체로 목적이 아니었다. 에덴동산의 주목적은 아담과 하와에게 하나님과 친밀하고도 즐거운 관계를 누릴 장소를 제공하는 것이었다. 말씀만으로 우주를 창조하신 위대하신 하나님이 그 우주에 인류가 살 수 있도록 굳이 수고롭게 지구를 창조하셨다. 그런 다음에는 아담과 하와를 창조하여 목적과 일, 의미를 주셨다. 게다가 그들을 그분의 형상대로 창조하셨다. 하나님이 이 모든 수고를 감내하신 것은 우리와 관계를 맺기 위해서였다.

창세기의 처음 두 장을 읽을 때, 카메라 렌즈를 떠올리면 도움이 된다. 먼저, 창세기 1장은 광각렌즈를 통해 피조세계를 바라본다. 그러던 것이 창세기 2장에서는 줌렌즈로 바뀐다. 창세기 1장은 광각렌즈로 창조 과정을 개괄적으로 살펴본 뒤 창세기 2장에서는 인간의 창조로 범위를 좁힌다.

> 여호와 하나님이 땅의 흙으로 사람을 지으시고 생기를 그 코에 불어넣으시니 사람이 생령이 되니라. 여호와 하나님이 동방의 에덴에 동산을 창설하시고 그 지으신 사람을 거기 두시니라. 여호와 하나님이 그 땅에서 보기에 아름답고 먹기에 좋은 나무가 나게 하시니 동산 가운데에는 생명나무와 선악을 알게 하는 나무도 있더라. 강이 에덴에서 흘러나와(창 2:7-10).

이 구절에서 하나님의 마음이 느껴지는가? 선하고 사랑이 많으신 아버지로서 하나님은 자녀를 위해 이 놀라운 세상을 창조하셨다. 나무는 한 그루가 아니라 온갖 종류로 셀 수 없이 많았다. 우리 하나님이 다양성을 좋아하시는 창조적인 하나님이시라는 사실이 눈에 들어오는가? 게다가 이 나무들은 눈까지 즐겁게 했다. 단순히 기능만을 한 것이 아니라 아름답기 그지없었다. 여기서 우리는 아름다움과 화려함을 즐기시는 하늘 아버지를 발견할 수 있다.

나아가 하나님은 나무들이 좋은 음식을 생산하게 하셨다. 심지어 하나님은 우리의 입맛까지 고려하는 수고로움을 마다하지 않으셨다. 하나님은 혀에 즐거운 음식을 창조하셨다. 단순히 차에 기름을 채우듯 우리 몸에 채울 무미건조한 영양분만을 창조하실 수도 있었지만 다채로운 음식을 창조하셨을 뿐 아니라 우리에게 그 음식을 음미할 수 있는 뛰어난 미각까지 주셨다.

이번에는 강이다. 에덴동산을 관통하는 강이 있었다. 이 강은 당신이 여태껏 가본 최고의 휴양지를 무색하게 할 만큼 아름다웠다. 하나님은 여기서 멈추지 않고 인간에게 할 일까지 주셨다. "여호와 하나님이 그 사람을 이끌어 에덴동산에 두어 그것을 경작하며 지키게 하시고"(15절).

하나님은 우리가 일을 통해 삶의 의미와 자존감을 찾도록 만드셨다. 하나님은 우리의 DNA 속에 창조의 욕구를 불어넣으셨다. 사람들은 어디를 가나 자신의 목적이나 운명을 찾아 세상을 변화시키는 것에 관한 말을 한다. 이런 말은 하나님이 우리를 쓸모 있는 일꾼으로 창조하셨다는 증거 가운데 하나다. 그리고 이것은 성경이 게으름에 관해 강하게 경고하는 이유 가운데 하나다. 게으름을 피우는 것은 하나님이 우리에게 주신 재능을 낭비하는 짓이다. 하나님은 우리를, 세상을 이롭게 하는 자들로 창조하셨는데 게으름을 피우면 그런 목적을 이룰 수 없다.

하나님은 우리 안에 관계의 욕구도 불어넣으셨다. 그래서 우리는 하나님, 나아가 남들과의 관계를 추구하며 살아간다. "여호와 하나님이 이르시되 사람이 혼자 사는 것이 좋지 아니하니 내가 그를 위하여 돕는 배필을 지으리라 하시니라"(18절).

성경에서 좋지 않다는 말이 나오는 것은 이 구절이 처음이다. 사람이 혼자 지내는 것은 좋지 않았다. 그런데 기린이나 곰, 심지어 애교 많은 강아지도 아담에게 필요한 동반의 관계를 제공해 줄 수 없었다. 그래서 이번에도 하나님은 은혜로우신 아버지로서 아담을 위해 아리따운 동반자를 창조하셨고, 그 여자는 하와로 불리게 된다.

> 여호와 하나님이 아담을 깊이 잠들게 하시니 잠들매 그가 그 갈빗대 하나를 취하고 살로 대신 채우시고 여호와 하나님이 아담에게서 취하신 그 갈빗대로 여자를 만드시고 그를 아담에게로 이끌어 오시니(창 2:21-22).

창세기 2장의 마지막 구절은 아담과 그의 아내가 둘 다 벌거벗었으나 조금도 창피해하지 않았다고 말한다. 당시에는 죄와 열등감, 불순한 동기, 비교, 위선, 남을 이용하려는 태도가 전혀 존재하지 않았다. 아담과 하와는 자신의 전부를 그대로 드러낸 채 완전히 투명한 삶을 살았다.

천국에 관한 책에서 무슨 에덴동산 이야기를 이렇게 오래 하는지 궁금하지 않은가? 자, 힌트를 주겠다. 창세기 2장의 끝에서 성경의 마지막 두 장으로 건너뛰면 에덴동산과 매우 비슷한 장면을 볼 수 있다. 아름다운 나무들과 강이 있는 곳. 에덴동산처럼 완벽한 곳. 창세기 3장과 요한계시록 20장 사이에서 파괴된 모든 것이 새 하늘과 새 땅을 통해 완벽히 회복된다. 요한계시록 21, 22장과 창세기 1, 2장 사이의 연관성을 보라. 새 하늘과 새 땅은 실체 없는 막연한 곳이 아니다. 새 하늘과 새 땅은 하나님이 처음 창조하신 매우 실질적인 장소가 회복되고 구속된 곳이다.

창세기 3장으로 넘어가면 죄가 세상에 들어오는 바람에 모든 것이 변한다.

> 여자가 그 나무를 본즉 먹음직도 하고 보암직도 하고 지혜롭게 할 만큼 탐스럽기도 한 나무인지라 여자가 그 열매를 따먹고 자기와 함께 있는 남편에게도 주매 그도 먹은지라 이에 그들의 눈이 밝아져 자기들이 벗은 줄을 알고 무화과나무 잎을 엮어 치마로 삼았더라. 그들이 그날 바람이 불 때 동산에 거니시는 여호와 하나님의 소리를 듣고 아담과 그의 아내가 여호와 하나님의 낯을 피하여 동산 나무 사이에 숨은지라 여호와 하나님이 아담을 부르시며 그에게 이르시되 네가 어디 있느냐? 이르되 내가 동산에서 하나님의 소리를 듣고 내가 벗었으므로 두려워하여 숨었나이다(창 3:6-10).

역사상 처음으로 죄가 이 완벽한 환경 속으로 침투했다. 그로 인해 하나님과의 분리, 그리고 아담과 하와의 분리가 발생한다. 아담은 하와의 핑계를 대고, 하와는 뱀에게 비난의 화살을 돌린다. 하나님은 그들에게 불순종의 책임을 물으셨다. 먼저, 하나님은 뱀에게 심판을 선포하셨다. 이어서 하와에게는 출산의 극심한 고통이 대가로 주어졌다. 아담의 대가는 일이었다. 단, 예전과 같은 즐거운 일이 아니라 난관이 끊이지 않는 고된 일이었다. 아담은 더 이상 완벽한 환경에서 동산을 돌볼 수 없고 남은 평생 가시와 엉겅퀴를 상대해야 했다. 가시와 엉겅퀴는 인생의 온갖 고난을 상징한다. 하지만 이 심판의 한복판에서도 긍휼이 임했다. "여호와 하나님이 아담과 그의 아내를 위하여 가죽옷을 지어 입히시니라"(21절).

하나님은 아담과 하와의 불순종에도 불구하고 여전히 필요한 것을 공급하셨다. 이 옷은 십자가 위에서 흘리신 예수님의 피가 우리의 죄를 덮어주시게 될 일을 예시한다. 창세기 3장은 계속된다.

> 여호와 하나님이 이르시되 보라. 이 사람이 선악을 아는 일에 우리 중 하나 같이 되었으니 그가 그의 손을 들어 생명나무 열매도 따먹고 영생할까 하노라 하시고(3:22).

이는 얼핏 긍휼의 행위가 아닌 것처럼 보이지만 사실상 하나님의 선하심을 보여 주는 가장 확실한 증거 중 하나다. 만약 아담이 이 악한 상태에서 생명나무 열매를 먹는다면 영원히 하나님과 분리된 채로 남을 수밖에 없다. 그래서 창세기 3장의 마지막 두 절을 보면 하나님은 동산의 동편에 강력한 그룹들을 배치하여 생명나무를 지키게 하셨다. 창세기 3장에서 일어난 일은 인간과 하나님 사이의 완벽한 관계를 갈가리 찢어 놓았다. 오직 예수님이 세상에 오셔서 십자가에서 돌아가셔야만 인간과 하나님의 화해가 가능했다. 죄는 인간과 하나님의 관계만 망쳐놓은 것이 아니라 피조세계에도 심각한 악영향을 미쳤다.

> 피조물이 허무한 데 굴복하는 것은 자기 뜻이 아니요 오직 굴복하게 하시는 이로 말미암음이라. 그 바라는 것은 피조물도 썩어짐의 종노릇 한 데서 해방되어 하나님의 자녀들의 영광의 자유에 이르는 것이니라. 피조물이 다 이제까지 함께 탄식하며 함께 고통을 겪고 있는 것을 우리가 아느니라(롬 8:20-22).

위의 구절에서 사도 바울은 피조세계가 창세기 3장 이후로 '탄식'해 왔다고 말한다. 바울에 따르면 피조세계는 계속해서 망가지고 부패하고 타락할 것이다. 우리가 하나님으로부터 맡은 이 지구의 선한 청지기가 되어야 하긴 하지만 우리가 아무리 오염 방지와 재활용 같은 조치로 발버둥을 쳐도 타락한 지구의 하락세를 반전시킬 수는 없다. 하지만 여전히 하나님이 만사를 다스리시며 분명한 계획을 품고 계신다. 피조세계가 죄와 질병에서 해방되고 하나님이 새 하늘과 새 땅을 주실 날이 오고 있다.

현재 우리는 죄로 인해 지울 수 없는 상처를 입은 세상 속에서 살고 있다. 하지만 우리는 천국을 바라보아야 한다. 그 천국을 온전히 이해하려면 하나님이 인류에게 처음 마련해 주신 세상과 우리를 위해 준비된 천국을 하나로 연결 할 수 있어야 한다.

하나님은 그분의 백성들과 함께하기를 얼마나 원하시는지 모른다. 〈표1〉이 하나님의 마음을 잘 보여 준다.

에덴동산	타락한 세상	교회의 휴거 / 그리스도의 천 년 통치	그리스도의 재림과 최후의 심판 / 새 하늘과 새 땅
창 1-2장	창 3장-계 20장	계 20:1-6	계 21-22장
하나님이 완벽한 땅에서 인간과 함께 하셨다	하나님이 저주받은 땅에서 인간과 분리되어 있다	하나님이 임시적 인 땅 에서 인간과 함께하셨다	하나님이 새 하늘과 새 땅에서 영원히 인간과 함께하셨다

〈표1〉

알다시피 성경의 나머지 부분은 하나님의 구속 이야기다. 구약의 율법과 제사 제도, 하나님의 진리를 선포하는 제사장들, 그러다 마침내 메시아께서 예수님으로 이 땅에 오셨다. 그분은 완벽한 삶을 사시다가 우리 죄를 위해 십자가에서 죽으심으로 궁극적인 제물이 되셨다. 그분은 사흘 뒤 무덤에서 살아나셨고 나중에는 하늘로 돌아가셨다. 그러고 나서 오순절에 성령이 오심으로 교회가 탄생했다. 이 교회는 세상 끝까지 가서 복음을 전하라는 지상대명령을 받았으며, 지금 우리는 교회 시대를 살고 있다.

하지만 예수님이 돌아오셔서 교회를 이 땅에서 저 하늘로 데려가실 날이 다가오고 있다. 이 사건을 흔히 '휴거'라고 부른다. 크리스천들이 하늘로 '낚아챔'을 당하는 휴거 사건 이후에는 7년간의 대환난이 이어지며, 이 7년 기간은 심판을 위한 예수님의 재림에서 정점을 이룬다. 그때부터 예수님은 천 년간 심판관이자 왕으로서 이 땅을 다스린다. 이 천 년 기간의 끝에 흰 보좌의 심판이 이루어진다. 이는 불신자들에 대한 심판이다. 이 최종 심판 이후에는 새 하늘과 새 땅이 도착한다.

사실 나는 어린 시절에 새 하늘이나 새 땅에 관한 이야기를 한 번도 들어본 적이 없다. 천국을 상상하는 것은 보통 어려운 일이 아니다. 그것은 내가 앞서 말한 대로 천국이 하얀 예복을 입고 구름 위를 떠다니며 하프나 연주하는 곳인 줄 알고 자라왔기 때문이다.

그런 이미지는 기괴하고 막연하며, 하나같이 대중문화가 조작해 낸 것들이다.

자 이제 쉽게 설명해 보겠다. 나는 구름 위를 떠다닌 적도 하프를 손에 들어본 적도 없지만 오랜 세월 이 땅을 경험했다. 나는 산과 호수, 바다, 강을 눈으로 직접 보았다. 숨 막히도록 장엄한 석양도 구경했다. 문화와 미술, 음악도 즐겼다. 놀라운 것을 발견하고 모험을 하는 기분도 잘 알고 있다. 그래서 무한히 더 좋기는 하지만 여전히 이 땅과 비슷한 천국을 상상하기는 그리 어렵지 않다.

당신이 10년 묵은 자동차를 몰고 다닌다고 해 보자. 칠은 군데군데 벗겨져 있고 실내는 누렇게 빛이 바랬다. 겨울에는 시동을 걸려면 한참 기다려야 한다. 그런데 내가 당신을 찾아와 방금 출시된 새 차를 주겠다고 말한다. "새 차는 어떤 물건이죠?" 당신이 이렇게 말할 리는 없다. 당신은 자동차가 무엇인지 잘 알고 있다. 새 차라고 해도 당신의 낡은 차와 비슷할 수밖에 없다. 단지 더 좋을 뿐이다. 연비와 승차감, 속도가 좋고 실내가 반짝거릴 뿐이다. 새 하늘과 새 땅이 바로 그렇다. 새 땅은 옛 땅과 비슷하되 무한히 더 좋은 곳이다.

하나님이 우리를 위해 예비하신 천국은 태초에 아담과 하와를 위해 창조하셨던 낙원과 매우 흡사할 것이다. 에덴동산에는 완벽한 관계와 삶, 아름다움, 일, 발견, 즐거움이 있었다. 아담과 하와의 삶은 진짜 땅에서 진짜 사람들과 어울리는 진짜 삶이었다. 바로 이런 삶이 미래에 우리를 기다리고 있다.

하나님은 언젠가 천국이 말 그대로 위에서 내려올 것이라고 약속하셨다. 이 타락한 세상의 문제들은 단 하나도 없는 새 땅 위의 새 하늘(새 예루살렘)이 나타날 것이다. 우리가 마주하게 될 천국은 우리가 이 땅에서 맛보는 천국과 같은 순간들의 요소를 포함하게 될 것이다.

최근에 나는 그런 경험을 했다. 오직 할아버지만 맛볼 수 있는 경험이다. 하루는 손자가 우리 집에서 자게 됐다. 이튿날 내가 그 아이를 학교에 데려다 주었다. 손자를 학교에 내려주고 몸을 돌려 걸어가는데 녀석이 조르르 달려와 내 다리를 붙잡았다. 그러고는 팔을 잡아 나를 자기 눈높이로 끌어내렸다. 녀석은 나를 있는 힘껏 껴안고 "할아버지 사랑해요"라고 말했다. 그러고 나서 교실로 몇 걸음 가더니 이내 몸을 돌려 나에게 손을 흔들었다. 여기서 끝이 아니다. 녀석은 교실로 들어가기 직전에 다시 몸을 돌려 "할아버지!"라고 소리를 지르며 손을 흔들었다. 그것은 더없이 맑고 순수한 사랑이었다. 그런데 말이다, 이것은 하나님이 우리를 위해 예비하신 것의 맛보기에 지나지 않는다.

갓난아기를 처음 안았던 순간의 벅차올랐던 감정이 기억나는가? 주체하지 못할 기쁨과 경이의 순간이었을 것이다. 당신이 느낀

감동은 우리가 새 하늘과 새 땅에서 경험할 것의 예가 될 수 있다.

더없이 만족스럽고 친밀한 결혼생활을 이어온 사람들이 있을 것이다. 서로를 속속들이 알고 무조건적으로 사랑하는 부부, 세상 모든 사람이 외면해도 상관없이 믿고 격려하고 존경하고 사랑하고 곁을 지켜줄 단 한 사람, 이 사람은 그 무엇과도 바꿀 수 없는 귀한 선물이다. 이 사람 없는 인생은 상상조차 할 수 없다. 이 사람만큼 사랑하는 사람은 전에도 없었고 앞으로도 없을 것이다. 이 사람만큼 당신을 사랑해 주는 사람도 온 세상에 없다. 바로 이것이 우리에게 다가오는 천국의 작은 예고편이다. 이런 경험이 좋기는 하지만 하나님이 당신을 위해 준비하고 계신 새 차에 비하면 '10년 묵은 고물차'일 뿐이다. 우리가 이 땅에서 알고 경험하고 느꼈던 최상의 것들, 그 모든 것은 하나님이 새 하늘과 새 땅에서 준비해 놓으신 엄청난 것의 아주 작은 단면에 불과하다.

요한계시록 21장에서 요한이 새 하늘과 새 땅을 어떻게 묘사하고 있는지 살펴보라. 요한은 실제 장소를 묘사하고 있다. 그곳은 이 지구와 비슷한 면들을 갖고 있지만 우리의 상상을 초월할 만큼 좋다.

또 내가 새 하늘과 새 땅을 보니 처음 하늘과 처음 땅이 없어졌고 바다도 다시 있지 않더라. 또 내가 보매 거룩한 성 새 예루살렘이 하나님께로부터 하늘에서 내려오니 그 준비한 것이 신부가 남편을 위하여 단장한 것 같더라. 내가 들으니 보좌에서 큰 음성이 나서 이르되 보라 하나님의 장막이 사람들과 함께 있으매 하나님이 그들과 함께 계시리니 그들은 하나님의 백성이 되고 하나님은 친히 그들과 함께 계셔서 모든 눈물을 그 눈에서 닦아 주시니 다시는 사망이 없고 애통하는 것이나 곡하는 것이나 아픈 것이 다시 있지 아니하리니 처음 것들이 다 지나갔음이러라. 보좌에 앉으신 이가 이르시되 보라. 내가 만물을 새롭게 하노라 하시고 또 이르시되 이 말은 신실하고 참되니 기록하라 하시고(계 21:1-5).

하나님은 "만물을 새롭게" 하실 것이다. 여기서 "새롭게"라는 단어는 시간적으로 새롭다는 뜻이 아니라 질적인 새로움을 의미한다. 옛 땅에 비해 질적으로 업그레이드된다는 뜻이다.

단, 옛 땅과 마찬가지로 나라와 도시, 미술, 음악, 아름다움, 관계들이 존재할 것이다. 잠깐! 천국을 이런 식으로 생각해 본 적이 있는가? 바울이 왜 이 세상을 그토록 떠나고 싶어 했는지 알겠는가?

이번 장을 마무리하기 위해 처음 시작했던 지점으로 돌아가길 원한다. 하나님은 우리와 함께하길 원하신다. 요한계시록 21장 3절을 보라. 매우 관계적인 말씀을 통해 요한은 하나님의 장막이 이제 그분의 백성들과 함께 있다고 말한다. 하나님은 우리가 집으로 돌아오기를 간절히 원하시며, 우리의 상상을 초월할 만큼 좋은 장소와 환경을 정성스레 조성하고 계신다. 천국의 핵심은 장소가 아니라 사람이다. 천국의 본질은 당신과 나 같은 평범한 사람들을 독생자 예수님처럼 사랑해 주시는 하늘 아버지의 집으로 돌아가는 것이다.

The Real Heaven

PART 2

우리가 알아야 할 천국의 모든 것

"천국은
이와 같으니"

Chapter 4

천국에서 온 안내장

내가 죽으면
어떤 일이 일어날까

그러므로 우리가 항상 담대하여 몸으로 있을 때에는 주와 따로 있는 줄을 아노니 이는 우리가 믿음으로 행하고 보는 것으로 행하지 아니함이로라. 우리가 담대하여 원하는 바는 차라리 몸을 떠나 주와 함께 있는 그것이라.

_고후 5:6-8

평범한 주일 아침을 상상해 보라. 가족과 함께 교회에 도착하니 예배가 벌써 시작되었다. 하지만 다행히 원래 앉던 구역에 빈 좌석들이 눈에 들어온다. 몇 분간 찬송을 부른 뒤에 설교자가 단에 오른다. 그리고 한 가지 질문을 던진다. 목사가 성도들의 관심을 끌기 위해 질문을 던지는 일이 교회에서 종종 있다. 그런데 이번 질문은 좀 뜻밖이다. "만약 오늘 천국에 갈 수도 있고 십 년 뒤에 갈 수도 있다면 십 년 뒤를 선택하실 분들은 손을 들어 보십시오."

당신에게는 낯선 질문일 것이다. 고개를 갸웃거리며 주위를 돌아보니 대부분이 손을 들었다. 자, 당신은 어떤가? 오늘 천국에 가는 것과 십 년 뒤에 가는 것. 둘 중에 무엇을 선택하겠는가? 장담컨대 실제로 다음 주일에 당신의 교회에서 이런 질문을 던지면 절대다수가 십 년 뒤를 선택할 것이다.

이 세상이 완벽하지 못한데도 불구하고 대부분의 사람은 조금이라도 더 살기를 원한다. 아직 하고 싶은 일도 많고 가족이나 친구들과 더 많은 시간을 보내고 싶어 한다. 또한 이곳에서의 삶은 대체로 편안하고 익숙하고 예측 가능하다. 반면, 천국에 관해서는 모르는 것이 많아 다소 불안하다.

하지만 성경에서 사도 바울 같은 사람들은 우리와 달리 천국에 하루라도 빨리 가기를 갈망했다. 솔직히 나는 몇 년 전까지만 해도 천국에 가고 싶은 마음은 고사하고 천국에 관한 생각조차 별로 하지 않았다. 그러다 아내가 암에 걸리면서 천국에 관해 많은 생각을 하기 시작했다. 다행히 아내는 완치되었지만 그 일로 죽음에 관해 전에 없이 많은 고민을 했다. 지난 몇 년 사이에 부모님과 장모님이 돌아가시고 나서는 내 입에서 천국이란 단어가 전에 없이 많이 나온다.

나이를 먹을수록 이 땅에서의 날이 그리 많지 않다는 것을 더 뼈저리게 실감한다. 그럴수록 영원과 천국에 관해 생각하는 시간이 늘어난다. 그리고 이 주제를 파헤칠수록 천국이 실제로 존재하고 상상 이상으로 좋은 곳이라는 확신이 더욱 강해진다. 물론 하나님은 이 세상에서 우리에게 너무도 귀한 선물들을 주셨다. 형언할 수 없는 기쁨과 아름다움, 사랑, 목적을 경험하는 순간들이 있다. 하지만 이 세상에서 우리가 알고 경험했던 최상의 것들은 천국에서 맛볼 만찬의 전채에 불과하다. 하나님이 나를 위해 예비하신 것을 더 깊이 이해할수록 세상에 대한 집착이 약해지고 천국에 대한 갈망이 강해진다.

지난 장에서 우리는 에덴동산이라고 하는 하나님이 이 땅에 마련하신 첫 천국에 관한 이야기를 나누었다. 또한 미래에 찾아올 새 하늘과 새 땅에 관한 이야기도 했다. 하지만 창세기 3장과 요한계시록 20장 사이에 놓인 이 시기에 신자가 세상을 떠나면 어떻게 되는가? 그것에 관해 성경은 뭐라고 말하는가? 이 질문에 대한 분명한 답을 알면 이 세상에 대한 집착에서 벗어나 천국을 향한 깊은 갈망을 경험할 수 있다.

성경은 신자가 죽으면 즉시 하나님의 품에 안긴다고 분명히 말한다. 이에 대해 신학자들은 하데스에 있던 낙원이 옮겨진 장소(Intermediate Heaven, 랜디 알콘의 《천국 안내서》 참조 - 구약성경에서 말하는 "죽은 자들이 가는 처소"는 히브리어로 '스올', 헬라어로 '하데스'다. 그중 한곳이 낙원 혹은 아브라함의 품(눅 16:22)이다)란 표현을 사용한다. 신자가 죽어서 가는 곳과 나중에 도래할 새 하늘과 새 땅을 구별하기 전의 장소이다. 오늘날 그리스도인이 죽으면 가게 되는 주님이 계신 곳이다(엡 4:8-10; 고후 5:8).

요한계시록의 마지막 두 장은 하나님 계획의 새로운 장을 드러낸다. 요한계시록 21장과 22장에서 우리는 새 하늘과 새 땅이 펼쳐지는 모습을 볼 수 있다. 우리는 이 새 하늘과 새 땅에서 부활한 몸으로 살게 될 것이다.

최종 결과와 종착역을 알면 불안감은 사라지고 기대감이 솟아난다. 그런데 내가 이것을 가르칠 때마다 다음과 같은 질문을 받는다. 예수 그리스도의 제자로 살다 죽는 다면 어떤 일이 벌어지는가? 오늘 내가 극심한 심장마비에 걸려 이 땅에서의 마지막 숨을 내쉰다면 성경은 그 다음 순간 내게 어떤 일이 일어난다고 말하는가?

천사들이 당신의 영혼을
천국으로 안내한다

> 이에 그 거지가 죽어 천사들에게 받들려 아브라함의 품에 들어
> 가고 부자도 죽어 장사되매(눅 16:22).

누가복음 16장에서 예수님은 부자와 나사로라고 하는 거지에 관한 이야기를 하신다. 물론 이 이야기의 초점은 천국이 아니지만 이 이야기에서 우리는 천국에 관한 몇 가지 중요한 통찰을 얻을 수 있다. 이야기 속 부자는 사치스러운 삶을 살았고 나사로는 지독히도 가난하게 살았다. 결국 두 사람은 모두 죽었고, 나사로는 아브라함의 품에 들어갔다. 아브라함의 품은 의인들이 죽어서 가는 곳을 상징한다. 반면, 부자는 고통스러운 음부에 떨어졌다.

그런데 누가복음 16장 22절을 가만히 살펴보면 나사로는 죽어서 "천사들에게 받들려" 아브라함의 품에 들어갔다. 이 구절을 읽을 때마다 아우카 족(Auca) 인디언 선교와 관련된 놀라운 이야기가 생각난다.

우아오라니 족(Huaorani)라고도 하는 이 에콰도르 부족은 남미 전역을 통틀어 가장 흉포한 부족 가운데 하나였다. 그런데 이 부족에게 복음을 전하려고 힘을 합친 다섯 명의 선교사가 있었다. 그들은 비행기에서 확성기를 사용하고 선물 바구니를 내려주면서 첫 접촉을 시도했다. 몇 달 뒤 그들은 강가의 인디언 마을 근처에 선교 기지를 세우기로 결정했다. 그 전까지 그들은 아우카 인디언들을 두어 번 만났는데 매번 호의적인 반응을 얻었다. 그래서 이번에는 아예 마을로 들어가 복음을 전하겠다는 계획을 세웠다. 하지만 마을에 들어가기도 전에 열 명의 아우카 전사들이 선교 기지를 공격해 다섯 명의 선교사를 모두 죽이고 말았다. 그 선교사들 중에서 가장 이름이 잘 알려진 인물은 짐 엘리엇(Jim Elliot)과 네이트 세인트(Nate Saint)다.

선교사들이 죽임을 당한 뒤 그 아내들이 모여 남편들의 사역을 이어받아 아우카 부족에게 복음을 전하기로 결심했다. 그러자 기적적으로 많은 아우카 인디언들이 예수님을 믿게 되었다. 나중에 부인들은 그리스도를 영접한 전사들에게서 남편들이 살해당한 그 참혹한 날에 관한 이야기를 듣게 되었다. 전사들은 선교사들을 죽인 뒤에 숲에서 노래 소리가 들렸다고 말했다. 이윽고 흰옷을 입은 사람들이 선교사들의 시체 위로 날아와 그들을 하늘로 데려갔다. 하늘 아버지께서는 우리와 함께 있기를 너무도 원하셔서 우리가 죽는 순간 즉시 천사들을 보내 우리를 하늘로 안내해 주신다.

천국이 당신의
영원한 집이 된다

누가복음 16장의 같은 이야기에서 우리는 천국에 관한 또 다른 사실을 발견할 수 있다. 지옥에서 부자는 나사로와 나란히 앉아 있는 아브라함을 올려다본다. 부자는 아브라함에게 제발 나사로를 아래로 내려 보내 손가락 끝에 물 한 방울을 묻혀 자신의 혀를 아주 잠시라도 시원하게 해달라고 애원한다.

> 그가 음부에서 고통중에 눈을 들어 멀리 아브라함과 그의 품에 있는 나사로를 보고 불러 이르되 아버지 아브라함이여 나를 긍휼히 여기사 나사로를 보내어 그 손가락 끝에 물을 찍어 내 혀를 서늘하게 하소서 내가 이 불꽃 가운데서 괴로워하나이다(23-24절).

하지만 26절에서 아브라함은 이렇게 말한다. "너희와 우리 사이에 큰 구렁텅이가 놓여 있어 여기서 너희에게 건너가고자 하되 갈 수 없고 거기서 우리에게 건너올 수도 없게 하였느니라."

다시 말해, 죽음의 순간 우리는 이미 어디에 속할지 결정되어진다. 아브라함이 말한 큰 구렁텅이를 누구도 건너갈 수 없다. 그래서 일단 천국에 들어간 사람은 천국의 집을 잃고 지옥에 떨어질까 걱정할 필요가 없다.

즉시 하나님의 품으로
들어간다

사도 바울은 이렇게 말한다. "그러므로 우리가 항상 담대하여 몸으로 있을 때에는 주와 따로 있는 줄을 아노니 이는 우리가 믿음으로 행하고 보는 것으로 행하지 아니함이로라. 우리가 담대하여 원하는 바는 차라리 몸을 떠나 주와 함께 있는 그것이라"(고후 5:6-8).

몸을 떠나는 것은 곧 주와 함께 있는 것이다. 다시 말해, 숨을 거두는 순간 우리는 하나님의 품에 있게 된다. 영혼이 육체를 떠나는 즉시 우리는 하나님의 품에 안기게 된다. 일말의 지체도 없다. 영혼이 천국에 가기 전에 일시적으로 머문다고 하는 연옥이나 다시 태어나는 환생 같은 것은 없다. 크리스천은 숨을 거두는 순간, 즉시 그리스도의 품에 안긴다.

위대한 골퍼 폴 에이징어(Paul Azinger)는 한창 잘나갈 때 치명적인 암에 걸렸다는 청천벽력과도 같은 진단을 들었다. "영원의 필요성을 마주하는 순간, 갑작스럽게 현실을 깨닫게 되었다. 이제 그의 삶은 전과 똑같을 수 없었다. … 그 순간, 골프 대회 소속 목사가 했던 말밖에 생각나지 않았다. "우리는 죽음의 땅으로 가는 삶의 땅에 있는 줄 알지만 실상은 삶의 땅으로 향하는 죽음의 땅에 있다.""5

이 땅의 관점에서 우리는 죽음의 두려움을 느낀다. 시체와 관을 보면 가슴이 싸늘해진다. 죽음 앞에서 우리는 상실감과 슬픔을 경험한다. 하지만 죽음을 천국 관점에서 보면 분위기가 완전히 달라진다. 살아 있을 때보다도 더 살아 있는 영혼이 보인다. 마침내 집에 도착해 한없이 기뻐하는 영혼이 보인다.

윈스턴 처칠(Winston Churchill)에 관한 재미있는 이야기를 소개한다. 이 이야기는 천국에 관한 세상적인 시각과 하늘의 시각을 모두 보여 준다.

영국 수상은 자신의 장례를 계획하던 중 자신을 런던 중심의 세인트 폴 성당에 안치해달라고 요청했다. 그는 자신의 관을 성당 중앙의 거대한 돔 아래에 놓아달라고 요청했다. 그러고 나서 돔을 빙 두른 발코니의 양편에 두 명의 트럼펫 주자를 세워달라고 요청했다. 장례식이 끝날 때 한쪽 편의 트럼펫 주자가

소등나팔을 불고, 그 연주가 끝나면 다른 편의 트럼펫 주자가 기상나팔을 부는 것이 그의 바람이었다.[6]

소등나팔은 이 땅에서의 삶이 끝났다는 뜻이었고, 기상나팔은 저 천국에서 새로운 삶을 깨운다는 뜻이었다. 사람들은 인생을 길에 비유한다. 왜 하필 길인지를 알 수 없다. 그 길은 어떻게 생겼을까? 하지만 우리는 최종 목적지를 분명히 안다. 우리가 그 목적지에 무사히 도착할지 혹은 그 목적지가 좋은 곳인지에 대해서는 일말의 의문도 없다. 우리는 천국에서 영원히 행복하게 살게 될 것이다. 예비된 집에 들어가게 될 것이다. 그래서 이 세상을 살며 매일 아침 눈을 뜰 때마다 "집에 하루가 가까워졌구나!"라고 말할 수 있다. 단, 육체가 죽자마자 영혼이 그리스도의 품에 안기지만 아직 부활한 몸을 얻지는 못한다. 부활한 몸은 그리스도의 오심과 함께 얻게 된다.

영혼은 우리의 실체다. 육체는 영혼을 담는 그릇에 불과하다. 육체는 온갖 질병에 시달리며 나날이 썩어가다가 결국 죽지만 영혼은 그럴 일이 없다. 우리의 영혼은 요한계시록 21장과 22장에 묘사된 새 하늘과 새 땅이 임하기 전까지 하나님의 품 안에서 살게 된다. 우리 믿음의 핵심 중 하나는 우리가 단 한 번의 삶만을 받았다는 것이다. "한번 죽는 것은 사람에게 정해진 것이요 그 후에는 심판이 있으리니"(히 9:27).

우리의 영원한 운명은 우리가 이 땅에서 내리는 선택에 따라 결정된다. 예수 그리스도를 받아들이거나 거부하기로 선택할 수 있는 기회는 오직 이 세상에서만 주어진다. 그리고 예수 그리스도를 구주로 영접한 자들은 죽는 순간 하나님의 품으로 안내된다.

천국에서도
생각하고, 느끼고, 말할 수 있을까?

이번에도 누가복음 16장에 기록된 부자와 나사로의 이야기가 이 점을 이해하는 데 큰 도움을 준다. 이 이야기로 볼 때 우리는 죽은 뒤에도 이 땅에서와 매우 비슷한 기능을 할 것이다. 여전히 감정을 느끼고 서로 대화를 나눌 것이다. 분명한 의식이 있고, 심지어 과거도 기억할 것이다. 부활한 몸을 가진 뒤에도 여전히 정체성의 모든 요소를 그대로 간직하고 있을 것이다. 이 점이 중요한 것은 우리의 정체성이 육체에서 비롯하는 것이 아니라는 사실을 이해하는 데 도움을 준다. 정체성은 실체인 영혼에서 비롯한다.

오늘 내가 자동차를 타고 가다가 사고를 당해 팔이 잘린다 해도 나의 정체성은 변하지 않는다. 나는 여전히 나다. 당신이 장기를 이

식해도 당신의 본질은 변하지 않는다. 다른 장기를 달았다고 해서 다른 사람이 되지는 않는다. 당신의 정체성은 육체가 아니라 당신의 모든 속성을 담은 영혼에 의해 결정된다. 육체가 죽어도 우리의 영혼(우리의 실체)은 계속해서 생각하고 감정을 느끼고 대화하고 의식 활동을 한다.

이런 기능이 어떻게 이루어질까? 시간과 관련해서는 무엇을 경험하고 무엇을 경험하지 않을까? 이 땅에서 벌어지는 상황을 얼마나 알게 될까? 이런 질문은 여전히 미스터리로 남아 있다. 추론과 추측을 할 수는 있지만 확실한 것은 나중에 하나님의 품에 안길 때에야 비로소 알게 될 것이다.

Chapter 5

천국과 예배

생이 끝나는 순간,
모든 것이 시작된다

내가 또 들으니 하늘 위에와 땅 위에와 땅 아래와
바다 위에와 또 그 가운데 모든 피조물이 이르되
보좌에 앉으신 이와 어린양에게
찬송과 존귀와 영광과 권능을 세세토록 돌릴지어다 하니.
_계 5:13

천국에 관해 우리가 그리 자세히 알지는 못하고 아예 모르는 것도 많지만 확실히 아는 것들도 있다.

웅장한 예배에
참여하다

요한계시록을 보면 예수님은 요한에게 천국을 엿볼 수 있는 특권을 허락해 주셨다. 예수님은 요한에게 천국의 베일을 살짝 열어 신자들이 죽은 뒤에 어떤 일이 벌어지는지를 보여 주셨다. 다시 말하지만 요한은 새 하늘과 새 땅에서가 아니라 지금 이 순간 일어나고 있는 일을 묘사한 것이다.

요한계시록 4장에서 벌어지는 일과 관련해서 꼭 알아야 할 점이 두 가지가 있다. 첫째, 이것은 당신이 이 글을 읽고 있는 이 순간에 실제로 벌어지고 있는 일이다. 바로 지금, 수없이 많은 이들이 전능하신 하나님을 예배하고 있다. 당신의 가족이나 친구 중에 예수님을 잘 믿다가 세상을 떠난 사람들이 있다면 지금 이 순간 그들은 이 거대한 예배에 참여하고 있다. 다시 말하지만 그들은 의식과 감정이 있고 대화를 할 수 있다. 그들의 정체성은 죽기 전과 똑같다. 그들의 인격은 전혀 없어지지 않았다. 둘째, 천국이 영원히 이런 모습은 아니다. 몇 해 전 처음 이 구절을 읽었을 때는 영원히 계속될 일을 묘사하고 있다고 생각했다. 하지만 그 뒤로 계속해서 연구해보니 이 예배가 장엄하고도 놀랍기는 하지만 이것이 전부는 아니다. 이 위대한 예배의 현장을 살짝 들여다보자.

> 이 일 후에 내가 보니 하늘에 열린 문이 있는데 내가 들은 바 처음에 내게 말하던 나팔 소리 같은 그 음성이 이르되 이리로 올라오라. 이 후에 마땅히 일어날 일들을 내가 네게 보이리라 하시더라. 내가 곧 성령에 감동되었더니 보라. 하늘에 보좌를 베풀었고 그 보좌 위에 앉으신 이가 있는데 앉으신 이의 모양이 벽옥과 홍보석 같고 또 무지개가 있어 보좌에 둘렸는데 그 모양이 녹보석 같더라. 또 보좌에 둘려 이십사 보좌들이 있고 그 보좌들 위에 이십사 장로들이 흰 옷을 입고 머리에 금관을 쓰고 앉았더라. 보좌로부터 번개와 음성과 우렛소리가 나고 보좌 앞에 켠 등불 일곱이 있으니 이는 하나님의 일곱 영이라. 보좌 앞에 수정과 같은 유리 바다가 있고 보좌 가운데와 보좌 주위에 네 생물이 있는데 앞뒤에 눈들이 가득하더라(계 4:1-6).

혹시 이 구절에서 '보좌'라는 단어가 몇 번이나 나오는지 세어봤는가? 보좌에 앉은 사람들은 무엇을 하는가? 그렇다. 그들은 다스리는 사람들이다! 이 천국의 묘사를 보면 보좌에 한 사람이 앉아 다스리고 있다.

천국의 중심에는 단 하나의 보좌만 있다. 우리는 이 보좌를 둘러싸 거기 앉으신 분께 예배하고, 우리의 모든 것이 그분의 주 되심 아래로 정렬될 것이다. 자, 이제 당신에게 묻고 싶다. 지금 이 보좌에 복종하는 삶을 살고 있는가? 하나님이 우리에게 천국에 관해 알려 주신 것은 소망과 위로만이 아니라 따라야 할 본보기를 주시기 위함이다.

이 보좌 주변에는 네 생물이 있는데 밤낮 쉬지 않고 "거룩하다, 거룩하다, 거룩하다, 주 하나님 곧 전능하신 이여 전에도 계셨고 이제도 계시고 장차 오실 이시라"라고 선포한다(계 4:8). 천국의 예배는 하나님과 그분의 성품에 초점을 맞춘다. 하나님의 성품은 무엇인가? 일단, '거룩'을 빼놓을 수 없다. 거룩이라는 단어는 '구별되다' 혹은 '완전히 다르다'라는 뜻이다. 하나님 같으신 분은 어디에도 없다. 하나님은 우리와 완전히 다르시다. 하나님은 단순히 더 좋은 '인간'이 아니시다. 하나님을 포함시킬 범주는 없다. 하나님은 완벽하고 의로우시며 죄가 없으시다. 그리고 우리의 예배와 찬양을 받기에 합당하시다.

또한 하나님은 전능하시다. 다니엘서에서 느부갓네살은 하나님의 권능을 칭송한다.

> 이에 내가 지극히 높으신 이에게 감사하며 영생하시는 이를 찬양하고 경배하였나니 그 권세는 영원한 권세요 그 나라는 대대에 이르리로다. 땅의 모든 사람들을 없는 것 같이 여기시며 하늘의 군대에게든지 땅의 사람에게든지 그는 자기 뜻대로 행하시나니 그의 손을 금하든지 혹시 이르기를 네가 무엇을 하느냐고 할 자가 아무도 없도다(단 4:34-35).

하나님은 뭐든 원하시는 대로 하시는데 누구도 그것을 방해하거나 저지할 수 없다.

요한계시록 4장의 이 네 생물은 하나님이 영원하시다는 점도 찬양한다. 먼저, 이 생물들은 하나님이 "전에도 계셨고"라고 말한다. 하나님은 영원 전에도 존재하셨다. 하나님이 존재하시지 않았던 적은 없다. 이어서 이 생물들은 "이제도 계시고"라고 말한다. 하나님이 지금도 살아 역사하고 계신다는 뜻이다. 하나님은 무관심한 방관자가 아니시다. 지금 이 순간에도 하나님은 살아서 역사하고 계신다. 또한 하나님은 "장차 오실" 분이시다. 하나님은 영원하시다. 하나님은 창조되지 않은 분이다. 영원한 기준점이다. 예나 지금이나 앞으로도 영원히 중심이요 초점이시다.

이 장엄한 예배는 요한계시록 5장에서도 계속된다. 요한은 어린양이 있는데 죽임을 당한 적이 있는 것처럼 보이고 보좌 중심에 서 있다고 말한다. 네 생물과 이십사 장로는 보좌 주변에 엎드려 예배하고 찬양하기 시작한다.

성경 속 인물들이 하나님의 위엄과 거룩하심 앞에서 보인 반응은 우리의 예상과 매우 다르다. 나는 천국에 가면 당장 하나님의 무릎 위로 몸을 던질 거라고 말하는 사람들을 여럿 보았다. 하지만 성경 속 인물들이 하나님의 모든 영광 앞에서 보인 반응은 전혀 달랐다.

이사야서 6장에서 이사야는 높이 들린 하나님을 보았다고 말한다. 6장 5절에 이사야의 반응이 나와 있다. "화로다. 나여 망하게 되었도다. 나는 입술이 부정한 사람이요." 이사야의 반응은 자신의 부족함을 고백하는 것이었다. 하나님 영광의 빛은 이사야로 하여금 자신의 죄가 얼마나 어두운지를 똑똑히 보게 만들었다.

요한계시록의 첫 번째 장에서 사도 요한은 위엄이 극에 달한 그리스도의 환상을 보았다. 요한은 초자연적인 분, 말로 형용할 수 없는 분을 보았다. 그럼에도 그는 자신이 본 것을 최대한 글로 옮겼다. 그는 그분의 눈이 타오르는 불과 같았고 그분의 발은 용광로에서 타는 구리와 같았으며 그분의 음성은 급류의 소리와 같았고 그분의 얼굴은 밝은 태양과 같았다고 말한다. 이 놀라운 광경 앞에서 요한은 어떤 반응을 보였을까? "내가 볼 때에 그의 발 앞에 엎드러져 죽은 자 같이 되매"(계 1:17).

예수님께 달려가 그분에게 무작정 안기는 장면은 없다. 전지전능하시고 거룩하시며 무한하신 하나님을 직접 뵈면 그분의 영광과 위엄에 완전히 압도될 수밖에 없다. 바로 이것이 요한계시록에서 네 생물과 이십사 장로가 보인 반응이다. 다만 그들은 단순히 엎드리기만 하지 않고 경배의 찬양을 부르기 시작한다.

> 그들이 새 노래를 불러 이르되 두루마리를 가지시고 그 인봉을 떼기에 합당하시도다. 일찍이 죽임을 당하사 각 족속과 방언과 백성과 나라 가운데에서 사람들을 피로 사서 하나님께 드리시고 그들로 우리 하나님 앞에서 나라와 제사장들을 삼으셨으니 그들이 땅에서 왕 노릇 하리로다 하더라(계 5:9-10).

천국에 가면 우리 구원의 대가를 훨씬 더 뼈저리게 실감하고, 그래서 그만큼 더한 감격으로 예배하게 될 것이다. 그리고 천사들이 이 예배에 동참할 것이다. 그것이 그들의 역할과 목적의 일부다. 하지만 우리의 예배와 천사들의 예배 사이에는 큰 차이점이 하나 있다. 천사들은 은혜와 구속을 우리만큼 깊이 이해할 수 없다.

우리는 밑바닥까지 추락한 곳에서 하나님을 만나는 기분을 잘 알고 있다. 우리는 죄를 위해 목숨까지 내어놓으신 예수 그리스도의 사랑을 실질적으로 경험했다. 우리는 "잃었던 생명 찾았고"라는 찬양의 의미를 몸으로 알고 있다.

요한계시록 5장의 이 구절에서 우리는 10절의 마지막 문장도 눈여겨봐야 한다. "그들이 땅에서 왕 노릇 하리로다."

보다시피 그들의 통치는 미래의 일이다. 요한계시록 5장에서 현재 벌어지고 있는 일은 어디까지나 예배다. 사실, 이것이 모든 예배 중에서 최고봉이라고 말해도 지나치지 않다. 이 예배의 참석자는 보좌 주변의 네 생물과 장로들만이 아니다. 11절은 천사들도 이 예배에 동참하고 있다고 말한다. 게다가 단지 몇 명의 천사 정도가 아니다.

> 내가 또 보고 들으매 보좌와 생물들과 장로들을 둘러 선 많은 천사의 음성이 있으니 그 수가 만만이요 천천이라. 큰 음성으로 이르되 죽임을 당하신 어린양은 능력과 부와 지혜와 힘과 존귀와 영광과 찬송을 받으시기에 합당하도다 하더라(11-12절).

나아가 이 예배는 네 생물과 장로들, 천사들에게만 국한되지 않는다. 13절에서 요한은 "모든 피조물"이 이 예배에 동참하고 있다고 말한다.

> 내가 또 들으니 하늘 위에와 땅 위에와 땅 아래와 바다 위에와
> 또 그 가운데 모든 피조물이 이르되 보좌에 앉으신 이와 어린양
> 에게 찬송과 존귀와 영광과 권능을 세세토록 돌릴지어다 하니
> (13절).

요즘 교회의 예배 모습과 얼마나 다른가! 천국에서는 누구도 팔짱을 끼고 앉아 있지 않는다. 휴대폰을 만지작거리는 사람도 없다. 멍한 눈으로 앉아 하품을 하는 사람도 없다. 전에도 계셨고 지금도 계시며 장차 오실 살아 계신 하나님에 대한 열정적인 찬양만 가득하다. 물론 이 예배가 장엄하고도 아름답기는 하지만 우리가 경험하게 될 것은 예배만이 아니다.

천국에서도
세상을 볼 수 있을까?

천국에 있는 사람들이 세상의 일에 관해 얼마나 알지에 관해서는 의견이 분분하다. 하지만 요한계시록 6장은 이 문제에 관해 몇

가지 정보를 제공한다.

> 다섯째 인을 떼실 때에 내가 보니 하나님의 말씀과 그들이 가진
> 증거로 말미암아 죽임을 당한 영혼들이 제단 아래에 있어 큰 소
> 리로 불러 이르되 거룩하고 참되신 대주재여, 땅에 거하는 자들
> 을 심판하여 우리 피를 갚아 주지 아니하시기를 어느 때까지 하
> 시려 하나이까 하니 각각 그들에게 흰 두루마기를 주시며 이르
> 시되 아직 잠시 동안 쉬되 그들의 동무 종들과 형제들도 자기처
> 럼 죽임을 당하여 그 수가 차기까지 하라 하시더라(9-11절).

요한은 천국의 제단 아래에 "죽임을 당한 영혼들"이 있다고 말
한다. 여기서 "영혼"에 해당하는 헬라어 단어는 '프쉬케'다. 이 고대
헬라어에서 영어의 '정신'(psyche)과 '심리학'(psychology)이란 단어가 파
생했다. '영혼'은 우리의 비물질적인 부분을 의미하기도 하지만 우
리의 본질을 지칭하는 데 사용되기도 한다.

영혼은 보이지 않는, 영원한, 우리의 '실체'다. 언젠가 우리의 육
체는 생명력을 다해 마지막 숨을 내쉬고 심장이 멎는다. 사망진단
서가 나오고 장례식이 치러질 것이다. 하지만 우리 크리스천들에
게만큼은 죽음이 끝이 아니다. 우리의 육체는 죽어도 영혼(우리의 실
체)은 그대로 살아 있을 것이다. 이 땅에서의 죽음은 단지 영혼이

천국으로 이동하는 과정일 뿐이다.

요한계시록 6장 10절에서 이 사람들(영혼들)은 도대체 언제나 이 땅의 인간들을 심판하여 자신들의 죽음에 대한 원한을 풀어 주실 거냐고 하나님께 하소연을 한다. 이는 그들이 이 땅에서 벌어지는 일을 어느 정도는 알고 있다는 방증이다. 나는 하늘에 있는 가족들이 우리의 일거수일투족을 보고 있다고 말하는 설교를 많이 들어 보았다. 종종 프로 선수들은 하늘에서 아버지나 어머니가 자신의 경기를 지켜볼 것이기 때문에 최선을 다할 것이라는 말을 한다. 이에 관해 성경은 구체적인 언급을 하지 않는다. 천국에 있는 사람들이 이 땅의 상황을 알기는 하겠지만 어느 정도까지 아는지는 알 수가 없다.

하지만 그들이 조금 아는지 많이 아는지는 그리 중요하지 않다. 어쨌든 누군가가 나를 지켜보고 있다는 사실을 알면 행동이 조금이라도 달라질 수밖에 없다. 조깅을 하다가 저 앞에서 사람이 나타나면 어떻게 하는가? 필시 당신도 나처럼 하지 않을까 싶다. 보는 눈이 있으면 나는 평소보다 더 빨리 달린다.

고교 시절 나는 우리 누나인 펑키(Punkie)를 누구보다도 우러러보고 누나에게서 많은 영향을 받았다. 누나는 나보다 겨우 1년 4개월밖에 빨리 태어나지 않았지만 언제나 내 우상이었다. 누나를 너무 좋아해 항상 졸졸 따라다녔다. 누나는 내가 아는 누구보다도 착하고 친절한 사람이었다. 언제나 나를 믿어 주었고 나를 실제보다 훨씬 더 높게 평가해 주었다. 나는 그녀의 그런 기대와 믿음에 걸맞게 살려고 노력했다. 당시는 누나가 교회를 다니는 줄 몰랐다. 나중에서야 그녀가 고등학교 2학년 때 예수님을 영접하게 된 것을 알게 되었다.

고교 시절 술과 마리화나, 각성제로 가득한 파티에 간 적이 몇 번 있었다. 내가 그런 유혹을 다 뿌리칠 수 있었던 것은 부모에게 들킬까봐 무서워서도 아니었고 운동선수로서 몸을 망칠까봐 걱정되어서도 아니었다. 그런 유혹의 자리에서 내 머릿속에 떠오른 사람은 바로 누나였다. 누나의 실망한 얼굴이 눈에 선했다. "네가 그럴 줄은 정말 몰랐어."

천국에 있는 우리의 어머니, 할머니, 친구는 우리가 이 땅에서 어떻게 처신하고 있는지 어느 정도는 알고 있다. 구름과 하프가 아니라 사랑하는 사람들이 우리를 내려다보고 있는 곳으로 천국을 생각하면 행동이 달라질 수밖에 없다. 고등학교 시절 내가 누나를 실망시키기 싫어 나쁜 행동을 삼갔던 것처럼 말이다. 천국에 있는 당신의 지인들이 당신의 행동을 어느 정도까지 보고 있는지는 정확히 알 수 없지만 보고 있다는 사실만큼은 확실하다. 그리고 설령 그들이 보지 않더라도 하나님이 모든 것을 보신다는 사실만으로도 잘 살아야 할 충분한 이유가 된다. 다음으로 우리가 하게 될 세 번째 일은 '작은 상봉'이다.

천국에서는
서로를 알아볼 수 있을까?

누가복음은 변화산 사건이라고 하는 놀라운 사건을 기록하고 있다. 당시 베드로와 야고보, 요한은 맨 앞자리에 앉아 이 초자연적인 광경을 목격했다. 그 순간, 예수님에게서 인성의 베일이 걷히고 그분의 신성과 영광이 살짝 드러났다. 그때 제자들은 변화된 예수님만이 아니라 모세와 엘리야도 보았다.

이 말씀을 하신 후 팔 일쯤 되어 예수께서 베드로와 요한과 야고보를 데리고 기도하시러 산에 올라가사 기도하실 때에 용모가 변화되고 그 옷이 희어져 광채가 나더라. 문득 두 사람이 예수와 함께 말하니 이는 모세와 엘리야라 영광 중에 나타나서 장차 예수께서 예루살렘에서 별세하실 것을 말할새 베드로와 및 함께 있는 자들이 깊이 졸다가 온전히 깨어나 예수의 영광과 및 함께 선 두 사람을 보더니 두 사람이 떠날 때에 베드로가 예수께 여짜오되 주여 우리가 여기 있는 것이 좋사오니 우리가 초막 셋을 짓되 하나는 주를 위하여, 하나는 모세를 위하여, 하나는 엘리야를 위하여 하사이다 하되 자기가 하는 말을 자기도 알지 못하더라. 이 말 할 즈음에 구름이 와서 그들을 덮는지라 구름 속으로 들어갈 때에 그들이 무서워하더니 구름 속에서 소리가 나서 이르되 이는 나의 아들 곧 택함을 받은 자니 너희는 그의 말을 들으라 하고 소리가 그치매 오직 예수만 보이더라. 제자들이 잠잠하여 그 본 것을 무엇이든지 그 때에는 아무에게도 이르지 아니하니라(눅 9:28-36).

어떻게 그럴 수 있는지는 잘 모르겠지만 베드로는 모세와 엘리야를 알아볼 수 있었다. 30절은 모세와 엘리야가 영광스러운 모습으로 나타났다고 말한다. 그렇다면 이 두 위인이 어떤 식으로든 변화된 것이 분명하다. 몇 백 년 전에 이 땅에 살 때와 같은 육체는 아니었을 것이다. 하지만 상관없이 그들은 예전과 똑같은 모세와 엘리야였다.

이 구절에서 예수님이 모세와 엘리야와 대화를 나누셨다는 점도 눈여겨봐야 한다. 성경은 심지어 그들이 무슨 이야기를 했는지까지 말해 준다. 그들은 다가올 예수님의 별세에 관해 이야기했다.

나와 내가 사랑하는 사람들의 죽음을 생각할 때 이 진리를 떠올리면 말할 수 없는 위로가 된다. 이 주제를 연구하던 중 나의 좋은 친구 한 명은 아주 가까운 사람을 잃었다. 일어나는 일을 깊이 연구한 덕분에 나는 이 친구를 잘 위로해 줄 수 있었다.

사랑하는 사람을 잃는 것은 언제나 힘들고 고통스럽다. 너무 아꼈던 사람과 이별을 하면 슬퍼할 수밖에 없다. 하지만 이생이 끝이 아니라는 성경의 약속에 말할 수 없는 소망과 위로가 있다. 우리가 먼저 세상을 떠난 신자들과 상봉할 실질적인 장소가 존재한다. 우리는 이곳에서 사랑하는 사람들과 믿음의 영웅들을 알아보고 함께 대화도 나누게 될 것이다.

물론 그렇다고 해서 슬픔이 완전히 사라지지는 않지만 이별이 잠시뿐이라는 사실을 알면 슬픔이 반감될 것이다.

처음부터 다시 되짚어보면서 이번 장을 마무리해 보자. 당신이 극심한 심장마비에 걸려 숨을 거두었다. 자, 그 다음 순간 어떤 일이 벌어질까?

- 하나님이 당신에게 천사를 보내 그분의 품으로 안내해 주신다.
- 분명한 의식이 있다.
- 영혼 곧 실체로서 온전히 살아 있다. 아직 영광스럽게 변화된 몸을 받지는 못한다.
- 이 땅에서 벌어지는 일을 최소한 어느 정도는 안다.

• 먼저 천국에 온 신자들을 알아보고 그들과 상봉한다.

그 다음에는 거대한 보좌를 보게 될 것이다. 그 보좌 주변에는 천사들과 장로들, 네 생물이 있다. 거룩하고 위엄이 있으며 전능하고 지혜로우신 예수님도 직접 보게 될 것이다. 이제 당신이 유일하신 참신 하나님의 품 안에 있다는 사실을 인식하게 될 것이다. 만물의 주권적인 통치자이신 분 앞에 서게 될 것이다. 평생에 처음 보는 그분의 아름다움에 넋을 잃게 될 것이다. 그리고 그곳에서 벌어지는 웅장한 예배에 완전히 압도될 것이다. 천국은 바로 이런 것이다. 하지만 여기서 끝이 아니다.

Chapter 6

심판과 상

오늘,
삶을 어떻게 사는가에
달려 있다

주께서 호령과 천사장의 소리와 하나님의 나팔 소리로 친히 하늘로부터 강림하시리니 그리스도 안에서 죽은 자들이 먼저 일어나고 그 후에 우리 살아남은 자들도 그들과 함께 구름 속으로 끌어올려 공중에서 주를 영접하게 하시리니 그리하여 우리가 항상 주와 함께 있으리라.

_ 살전 4:16-17

예나 지금이나 인간들은 미래에 관심이 많다. 내일 어떤 일이 벌어질지 알고 싶어 하는 것이 있다. 사람들과 성경의 권위와 신빙성에 관한 토론을 할 때면 나는 구약의 메시아 예언 카드를 자주 꺼낸다. 구약에는 메시아에 관한 300개 이상의 예언이 발견된다. 선지자들은 메시아가 어디서 어떤 혈통으로 태어나 어떻게 죽고 심지어 어디에 장사될지까지 몇 백 년 전에 미리 예언했다. 하나님은 그 선지자들을 통해 미래를 믿을 수 없을 만큼 정확하게 밝혀 주셨다. 따라서 성경이 미래에 관해 말하면 귀를 기울일 만한 충분한 이유가 있다.

성경은 예수님이 이 땅에 처음 오신 일을 예언했을 뿐 아니라 그분의 재림과 그것을 둘러싼 미래의 사건들에 관해 많은 이야기를 한다.

21세기를 사는 우리는 미래에 관해 무엇을 알 수 있는가? 성경은 인류 역사의 마지막 장에 관해 무엇을 말해 주는가? 좋은 소식은 하나님이 미래의 중요한 사건들에 관해 말씀해 주셨다는 것이다. 자, 이제부터 그런 사건 중 몇 가지를 자세히 살펴보자.

예수님이 교회를
이 땅에서 하늘로 데려가신다

우리는 성경을 장과 절로 이루어진 여러 권의 책으로 생각하곤
한다. 하지만 가끔은 성경 66권이 하나의 책이라는 사실을 기억하
는 것이 도움이 된다. 그리고 성경은 하나의 이야기 곧 하나님의 이
야기다.

잠시, 하나님이 쓰고 계신 이야기를 전체적으로 훑어보자. 창
세기 1장과 2장에서 하나님은 에덴동산이라고 하는 완벽한 환경을
창조하셨다. 창세기 3장에서는 죄가 세상에 들어오는 바람에 아담
과 하와는 에덴동산에서 추방을 당했다. 그 뒤 구약의 나머지는 모
두 이스라엘의 역사로 채워져 있다. 하나님을 따르다가 이내 반역
과 죄의 구렁텅이 빠지기를 반복하는 이스라엘의 흥망성쇠가 파란
만장하게 펼쳐진다. 구약에서 우리는 하나님의 진리를 선포하고
우리의 죗값을 치를 메시아가 오실 날을 예언하는 선지자들도 만
나볼 수 있다.

신약에 이르면 예수님이 처녀에게서 (완전한 신이자 완전한 인간으로)
이 땅에 태어나 33년간 완벽히 죄 없는 삶을 사시다가 십자가에서
돌아가셨다. 사흘 뒤 예수님은 무덤에서 살아나셨고 이후 5백 명 이
상의 증인들에게 여러 번 모습을 드러내신 뒤 하늘로 올라가셨다.

예수님이 마지막으로 남기신 말씀은 모든 나라를 제자로 삼으라는 명령과 성령을 통해 계속해서 함께해 주시겠다는 약속이었다.

이스라엘은 계속해서 불순종과 반역으로 흘렀다. 그들이 왕이요 메시아이신 예수 그리스도를 거부하자 결국 하나님은 복의 통로로서 그들의 역할을 잠시 중단시키셨다. 이것은 마치 감독이 타임아웃을 외치고 잘하지 못하는 선수를 벤치로 불러들이는 것과도 비슷하다. 이스라엘이 팀에서 완전히 방출된 것은 아니다. 언젠가 그들도 다시 뛸 날이 올 것이다. 하나님은 이스라엘 백성들에게 주신 약속을 결국 모두 이루실 것이다. 하지만 당분간 그들은 벤치에 앉아 있고 감독은 새로운 선수를 투입했다.

사도행전을 보면 그 선수가 누구인지를 확인할 수 있다. 하나님이 투입하신 새 선수는 바로 교회다. 교회는 영적으로 다시 태어난 유대인들과 이방인들의 초자연적인 공동체다. 사도행전에서부터 우리는 '교회 시대'가 시작되었다고 말한다. 이 시대가 바로 지금 우리가 살고 있는 시대다.

하나님이 쓰고 계신 이야기 속의 다음 사건은 '휴거'라고 불린다. 그런데 성경 어디에도 실제로 '휴거'란 단어는 없다. 하지만 분명 그런 가르침이 존재한다. 성경에 '삼위일체'란 단어는 없지만 하나님이 삼위로 계신다는 것은 엄연한 성경적 진리다. '휴거'란 단어도 마찬가지다. 이 단어는 '낚아채다'란 뜻이다. 다시 말해, 예수님이 오셔서 이 땅에 사는 모든 신자를 하늘로 데려가신다. 그리고 이런 휴거는 언제라도 일어날 수 있다(65쪽의 〈표 1〉을 참고하라).

이 사건은 데살로니가전서 4장 13-18절에서 가장 잘 묘사되어 있다.

> 형제들아, 자는 자들에 관하여는 너희가 알지 못함을 우리가 원하지 아니하노니 이는 소망 없는 다른 이와 같이 슬퍼하지 않게 하려 함이라. 우리가 예수께서 죽으셨다가 다시 살아나심을 믿을진대 이와 같이 예수 안에서 자는 자들도 하나님이 그와 함께 데리고 오시리라. 우리가 주의 말씀으로 너희에게 이것을 말하노니 주께서 강림하실 때까지 우리 살아남아 있는 자도 자는 자보다 결코 앞서지 못하리라. 주께서 호령과 천사장의 소리와 하나님의 나팔 소리로 친히 하늘로부터 강림하시리니 그리스도 안에서 죽은 자들이 먼저 일어나고. 그 후에 우리 살아남은 자들도 그들과 함께 구름 속으로 끌어올려 공중에서 주를 영접하게 하시리니 그리하여 우리가 항상 주와 함께 있으리라. 그러므로 이러한 말로 서로 위로하라.

휴거가 일어나면 신자들은 한 명도 빠짐없이 이 땅에서 들려 즉시 천국으로 이동될 것이다. 위의 구절에서 보면 신자들이 하늘로 들려올라가기 직전에 그리스도 안에서 죽은 자들이 먼저 일어나게 된다. 물론 그들의 영혼은 이미 천국에서 주님과 함께 있다. 하지만 휴거와 함께 그들의 육체가 부활하여 영화로워진 육체를 받는다. 그렇다면 살아서 하늘로 들려올라가는 신자들도 새로운 영광의 몸을 받아 천국으로 들어간다고 볼 수 있다.

바울은 고린도전서 15장 51-53절에서 이 사건을 다음과 같이 말한다.

> 보라 내가 너희에게 비밀을 말하노니 우리가 다 잠 잘 것이 아니요 마지막 나팔에 순식간에 홀연히 다 변화되리니 나팔 소리가 나매 죽은 자들이 썩지 아니할 것으로 다시 살아나고 우리도 변화되리라. 이 썩을 것이 반드시 썩지 아니할 것을 입겠고 이 죽을 것이 죽지 아니함을 입으리로다.

바울이 말한 비밀은 이해하기 힘든 것이 아니다. 성경에서 비밀은 과거에 숨겨졌다가 지금 드러난 것을 말한다. 휴거의 비밀은 구약의 성도들에게는 드러나지 않다가 신약에서 드러났다.

이 구절에서 휴거가 언제라도 일어날 수 있다는 사실도 추론할 수 있다. 예수님이 구름 속에서 오셔서 교회를 하늘로 데려가기 전에 나타나야 할 특별한 징조는 없다. 또한 52절을 보면 휴거 때 우리는 '변화'된다. 그리고 살아 있는 신자들은 휴거 때 영화로워진 육체도 받게 될 것이다. 죄와 질병으로 상한 본래의 육체는 천국에 적합하지 않다. 그래서 일시적인 육체를 영원한 육체로 교환받을 것이다. 불완전한 육체 대신 완벽한 육체를 받게 된다.

몇 구절 앞에서 바울은 우리가 휴거 때 받게 될 영광스러운 육체에 관해 구체적으로 언급했다. "또 네가 뿌리는 것은 장래의 형체를 뿌리는 것이 아니요 다만 밀이나 다른 것의 알맹이 뿐이로되 하나님이 그 뜻대로 그에게 형체를 주시되 각 종자에게 그 형체를 주시느니라"(고전 15:37-38).

바울의 비유는 간단명료하다. 우리가 밀이나 옥수수의 씨앗을 심어도 나중에 땅에서 씨앗과 전혀 다른 것이 나온다. 씨앗과 열매 사이에 연속성이 있기는 하지만 영광스럽고도 뚜렷한 차이가 있다. 우리의 영광스러운 몸도 마찬가지다. 그것은 우리가 이 땅에서 입고 있는 육체의 씨앗에서 나온다. 그래서 연속성이 있기는 하다. 하지만 새 몸은 낡은 몸과 비교할 수조차 없을 만큼 더 좋고 영광스러울 것이다. 고린도전서 15장 42절에서 바울은 이렇게 말한다. "죽은 자의 부활도 그와 같으니 썩을 것으로 심고 썩지 아니할 것으로 다시 살아나며."

잠시 이에 관해 생각해 보자. 지금 당신이 입고 있는 몸은 유통기한이 있다. 마트에 진열된 부패할 수 있는 물품에는 하나같이 유통기한이 있다. 그런 물품은 영원하지 않다. 우리가 이 땅에서 입고 있는 육체도 마찬가지로 마지막 순간이 있다. 나이를 먹을수록 우리의 몸은 모든 기능이 줄어들고 있다는 사실을 피부로 느낀다. 우리의 육체는 나날이 망가지고 느려지고 쇠하여간다. 하지만 우리의 영광스러운 몸은 썩지 않으니 얼마나 감사한가. 우리의 새 몸은 유통기한이 없다. 늙지도 병들지도 않는다. 궁극의 업그레이드라고나 할까.

땅에는 환난
하늘에는 잔치가 벌어진다

휴거가 일어난 뒤 대환난이라고 하는 7년간의 끔찍한 시기가 시작된다. 대환난의 사건들은 요한계시록 6-20장에 묘사되어 있다. 처음 3년 반 동안은 평화롭다. 이 기간에는 전 세계를 통치하는 한 명의 리더가 사람들을 현혹시킬 것이다. 우리는 그를 적그리스도라고 알고 있다. 성경은 그가 사탄에게 능력을 받는다고 말한다. 대환난의 나머지 3년 반 동안에는 그가 이 땅에 분노를 쏟아낼 것이다. 그로 인해 역사상 유례가 없는 파괴와 심판이 나타날 것이다.

이 땅은 이런 끔찍한 일들로 몸살을 앓는 반면, 성경은 천국에서 일어날 두 번의 잔치를 묘사한다. 감사하게도 당신과 나도 그 잔치에 참여하게 될 것이다.

그리스도의
심판대

'심판'이란 표현이 전혀 잔치처럼 들리지 않는다는 것을 잘 안다. '심판'이란 단어에서는 왠지 훈훈한 분위기가 느껴지지 않는다. 오히려 두려움만 자아낼 뿐이다.

그리스도의 심판대를 두려워하면서 자라온 사람들이 많다. 그들은 천국에 가면 자신의 온 삶이 하늘의 거대한 스크린에서 상영될 거라고 생각한다. 그렇게 되면 자신이 생전에 남몰래 지은 죄까지 천국의 모든 구성원에게 적나라하게 공개되어 톡톡히 창피를 당할 것이다. 그들은 이 심판의 수치와 굴욕을 견뎌낸 뒤에야 비로소 천국을 즐길 수 있다고 생각한다. 고린도후서 5장 10절을 읽어보면 그들이 왜 그런 생각을 하는지 이해할 수 있다.

이는 우리가 다 반드시 그리스도의 심판대 앞에 나타나게 되어 각각 선악간에 그 몸으로 행한 것을 따라 받으려 함이라.

하지만 이것은 수치와 굴욕의 심판이 아니다. 그리스도를 구주로 영접했다면 이미 모든 죄가 용서되어 거리낄 것이 하나도 없다. 죄는 이미 완전히 사라져 천국의 스크린에 나타나지 않는다. 이 심판은 '상'을 내리는 심판이다.

바울이 이 구절을 쓸 때 떠올린 것은 올림픽의 전신인 고린도 지협 경기 대회(Isthmian Games)였다. 당시 거대한 스타디움에서 심사 위원들은 베마(Bema) 즉 '심판대'라고 하는 높은 단에서 경기를 주관했다. 우승한 선수들은 계단을 올라 상(주로 목에 두르는 화환)을 받았다. 뿐만 아니라 평생 세금과 자녀의 학비를 면제받았다. 그런 의미에서 그리스도의 심판대는 벌이 아니라 상을 받는 자리다. 굴욕이 아니라 영예의 시간이다. "죄송합니다"가 아니라 "감사합니다"라고 말할 시간이다. 심판대가 상을 받는 자리라면 "각각 선악간에 그 몸으로 행한 것을 따라 받으려 함이라"라는 바울의 말은 무슨 뜻인가?

이 구절에서 많은 오해가 비롯한다. 헬라어에는 '나쁜' 혹은 '악한'에 대해 두 가지 단어가 있는데 여기서는 둘 다 사용되지 않고 있다. 여기서 사용된 단어는 원래 '무가치한' 혹은 '지속적인 가치가 없는'이란 의미의 단어다. 그렇다면 바울의 말은 우리의 모든 동기와 행동이 훤히 드러날 때 '무가치한' 사람들은 그 어떤 상이나 칭찬도 받지 못한다는 뜻이다. 벌을 받는 것이 아니라 다만 상을 받지 못하는 것이다.

이 세상은 불완전하다보니 때로는 엉뚱한 사람이 상을 받곤 한다. 어리석은 인간들은 모든 것을 다 알 수 없기 때문에 이런 일이 종종 벌어진다. 하지만 이 심판은 절대적으로 완벽하고 정확할 것이다. 하나님은 모든 것을 아시기 때문이다. 그 무엇도 하나님의 이목을 피해갈 수 없다.

이날은 우리의 삶이 하나님 앞에서 완전히 까뒤집히는 날이다. 하나님은 단순히 겉으로 드러난 행동만을 보시지 않는다. 성경은 하나님이 우리의 숨은 동기까지 살피신다고 말한다.

그렇다보니 모두의 예상을 깨는 결과가 속출할 것이다. 이 땅에서 무명인으로 살았던 사람들이 천국에서는 유명해진다. 아무도 보지 않는 곳에서 묵묵히 일했던 사람들이 천국에서는 영웅 대접을 받는다. 한 번도 칭찬을 들어보지 못했던 사람들에게 천사의 박수갈채가 쏟아진다. 아버지의 축복을 한 번도 경험해 보지 못했던 사람들이 매일같이 하늘 아버지의 축복을 들으며 살게 된다.

고린도전서 3장 10-15절에서 이 위대한 잔치에 대한 더 많은 정보를 얻을 수 있다.

내게 주신 하나님의 은혜를 따라 내가 지혜로운 건축자와 같이 터를 닦아 두매 다른 이가 그 위에 세우나 그러나 각각 어떻게 그 위에 세울까를 조심할지니라. 이 닦아 둔 것 외에 능히 다른 터를 닦아 둘 자가 없으니 이 터는 곧 예수 그리스도라. 만일 누구든지 금이나 은이나 보석이나 나무나 풀이나 짚으로 이 터 위에 세우면 각 사람의 공적이 나타날 터인데 그날이 공적을 밝히리니 이는 불로 나타내고 그 불이 각 사람의 공적이 어떠한 것을 시험할 것임이라. 만일 누구든지 그 위에 세운 공적이 그대로 있으면 상을 받고 누구든지 그 공적이 불타면 해를 받으리니 그러나 자신은 구원을 받되 불 가운데서 받은 것 같으리라.

바울은 "어떻게 그 위에 세울까를 조심할지니라"라고 강권한다. 이유가 뭘까? 삶이 우리가 청지기로서 하나님께 잠시 위임받은 것이기 때문이다. 따라서 삶을 가볍게 여겨서는 안 된다. 이 땅에서의 삶이 몇 년이든 간에 그것은 하나님께 받은 것이다. 삶은 선물이다. 하나님의 목적을 이루기 위해 받은 것이다. 언젠가 하나님이 우리에게 받은 삶으로 무엇을 했는지 물으실 날이 올 것이다. 따라서 삶이라는 집을 신중하게 지어야 한다. 이 한 해의 525,600분을 어떻게 사용할지 신중하게 결정해야 한다.

11절에서 바울은 모든 건축의 가장 중요한 부분에 관해 이야기한다. 그것은 바로 기초다. 바울은 우리가 삶을 제대로 지을 수 있는 기초는 단 하나뿐이라고 말한다. 그것은 바로 예수 그리스도의 기초다. 우리가 영원을 준비하기 위해 해야 할 가장 중요한 일은 예수 그리스도를 우리 삶의 기초로 삼는 것이다. 우리의 모든 계획, 우리의 모든 성취, 우리의 모든 성공, 우리의 모든 직함. 만약 우리의 삶을 잘못된 기초 위에 세운다면 이 모든 것은 아무런 소용이 없다.

이어서 바울은 삶의 건축 자재에 관한 이야기를 한다. 금과 은, 보석을 사용할 수도 있고 나무와 풀, 짚을 사용할 수도 있다. 이런 재료는 우리의 시간과 행동을 의미한다. 우리의 삶을 어떻게 사용했는지를 말한다. 삶을 하나님의 목적에 투자했는가? 영원한 가치가 있는 것들을 추구했는가? 영적인 일에 시간과 노력, 재능, 재물, 꿈을 집중시켰는가? 그렇다면 금과 은, 보석으로 삶을 지은 셈이다. 혹시 이기적이고 일시적이고 물질적인 것들만을 보며 달려왔는가?

당연한 말이지만 이 재료들 사이에는 엄청난 질적 차이가 존재한다. 이 재료의 질이 중요한 것은 13절에서 보듯이 그리스도의 심판이 이루어지는 날 우리의 건축 자재가 불의 시험을 거쳐야 하기 때문이다. 우리의 하루하루, 선택 하나하나가 자신의 인생 건축 공사다.

바울은 언젠가 각자 지은 삶을 하나님 앞에 제시해야 한다고 말한다. 그때 하나님이 불로 그것을 정화시켜주실 것이다. 우리의 모든 행위가 조사를 받을 것이다. 교만이나 불순한 동기에서 비롯한 행동들은 모두 나무와 풀, 짚처럼 타버리고, 남은 것에 대해서 상을 받게 된다.

계속해서 바울은 "각 사람의 공적이 나타날 터인데 그날이 공적을 밝히리니"라고 말한다. 그날은 무슨 날을 말하는 것일까? 그날은 바울이 로마서 14장 10절에서 말한 날이다. "우리가 다 하나님의 심판대 앞에 서리라."

위대한 종교 개혁자 마르틴 루터(Martin Luther)는 이 현실을 늘 기억하며 살았다. "마르틴 루터는 자신의 달력에는 '오늘과 그날' 이렇게 두 개의 날밖에 없었다고 말한다. 그는 이 땅에서의 모든 날이 거룩하신 하나님 앞에 서서 자신의 삶을 설명할 그 중대한 날을 준비하는 시간이라는 사실을 정확히 알고 있었다."[7]

이 점을 반드시 이해하고 살아가길 바란다. 천국에 당신의 자리가 있을지 없을지를 결정하는 것은 기초 곧 그리스도와의 관계다. 그리고 이 땅에서의 시간을 어떻게 보내고 삶을 어떻게 지었느냐에 따라 천국에서의 상이 달라진다. 그리스도의 심판대는 '오직' 그리스도의 제자들만을 위한 잔치다.

그리스도의 제자로서 이 땅에서 어떻게 하느냐에 따라 천국에서의 상이 달라진다. 영화 〈글래디에이터〉(Gladiator)에서 막시무스 역의 러셀 크로우(Russell Crowe)가 한 말이 참으로 옳다. "우리가 이생에서 하는 일이 영원히 메아리친다."[8]

하나님은 시상식을 남에게 맡기시지 않는다. 대천사 미카엘이 면류관을 나눠 주는 것이 아니다. 사도 바울이 상장을 전달하지 않는다. 하나님이 직접 상을 내리신다. 그리고 상은 한 나라나 한 세대에게 주어지지 않는다. 시간이 끝없이 많으니 서두를 필요가 없다. 하나님이 직접 각 사람과 눈을 마주치면서 일일이 축복의 말씀을 전해 주실 것이다. "잘하였도다, 착하고 충성된 종아."

고린도전서 3장의 말씀은 정신이 번쩍 들게 만드는 말씀으로 끝을 맺는다.

> 만일 누구든지 그 위에 세운 공적이 그대로 있으면 상을 받고 누구든지 그 공적이 불타면 해를 받으리니 그러나 자신은 구원을 받되 불 가운데서 받은 것 같으리라(고전 3:14-15).

우리가 죄로 심판을 받지 않는다면 "해를 받으리니"라는 구절은 무슨 뜻인가? 많은 신자들에게 이날은 안타까운 현실을 깨닫는 날이 될 것이다. 자신이 그리스도를 알았지만 엉뚱한 것들을 위해서 살았다는 사실을 비로소 깨달을 신자들이 있다.

우리 영혼의 연인이신 예수 그리스도 앞에 서서 자신이 하나뿐인 삶을 허비했다는 사실을 처음으로 깨닫게 된다면 얼마나 비극인가.

이 구절은 많은 신자들에게 이 심판이 상실감의 시간이 될 것임을 말해 준다. 그들이 죄로 심판을 받지는 않겠지만 하나님이 맡겨 주신 귀한 삶을 허비했다는 사실을 깨닫고 뼈저리게 후회하게 될 것이다.

그 상실감은 시상대 옆에 서서 남들이 상을 받는 모습을 지켜보며 나도 열심히 할 걸 하며 후회할 때의 상실감이다. 바울은 이런 사람을, 가까스로 불에서 빠져나온 사람에 빗댄다. 그들은 구원을 받았지만 그것으로 끝이다. 이 현실을 생각하자니 몇 년 전에 읽었던 버드 톰슨(Bud Thompson) 박사에 관한 이야기가 떠오른다. 톰슨 박사는 텍사스 주 댈러스에 있는 자신의 집에 비행기가 추락하는 바람에 반신불수가 된 79세의 노인이었다. 그의 집은 그 즉시 불길에 휩싸였다. 그때 51세의 간병인이 화마가 날뛰는 집안으로 뛰어 들어가 톰슨을 끌고나왔다. 톰슨은 목숨을 구했지만 안타깝게도 전 재산을 잃었다.

다음 장으로 넘어가기 전에 오늘의 삶을 어떻게 사느냐에 따라 천국에서의 상이 달라진다는 사실을 가슴 깊이 새기기를 바란다. 사도 바울의 말처럼 인생의 집을 신중하게 지으라.

Chapter 7

준비된 계획

당신을 위해
놀라운 것이
예비되어 있다

또 내가 새 하늘과 새 땅을 보니 처음 하늘과 처음 땅이 없어졌고 바다
도 다시 있지 않더라. 또 내가 보매 거룩한 성 새 예루살렘이 하나님께
로부터 하늘에서 내려오니 그 준비한 것이 신부가 남편을 위하여 단장
한 것 같더라.

_ 계 21:1-2

이 땅에서 하나님의 계획과 목적이 완성될 때 일어날 사건들의 표를 보면서 7장을 시작해 보자. 하나님은 성경을 통해 우리에게 이 사건들을 밝혀 주셨다. 그런데 너무 세부적인 내용에만 집착하다가 '큰 그림'을 놓치기 쉽다. 그래서 요한계시록에 드러난 인류 역사의 흐름을 연구할 때는 수시로 전체 그림을 검토하는 것이 매우 도움이 된다.

휴거 뒤에 일어날 또 다른 사건 중에는 어린양의 혼인 잔치가 있다. 이것은 오랜 기다림 끝에 이루어진 그리스도와 그 신부인 교회의 연합을 축하하는 성대한 천국 잔치다.

이 장엄한 사건은 요한계시록 19장 1-2절과 6-9절에 묘사되어 있다.

이 일 후에 내가 들으니 하늘에 허다한 무리의 큰 음성 같은 것이 있어 이르되 할렐루야 구원과 영광과 능력이 우리 하나님께 있도다. 그의 심판은 참되고 의로운지라 … 또 내가 들으니 허다한 무리의 음성과도 같고 많은 물소리와도 같고 큰 우렛소리와도 같은 소리로 이르되 할렐루야 주 우리 하나님 곧 전능하신

과거 창세기 1-2장	현재 창세기 3장-요한계시록 20장	미래 요한계시록 21-22장
최초의 인류	타락한 인류/어떤 이들은 예수님을 믿고서 변화된다	부활한 인류
최초의 땅	첫 땅의 흔적들을 어렴풋이 간직하고 있는 타락한 땅	인류와 함께 부활한 새 땅
하나님은 이 땅의 통치를 죄 없는 인류에게 위임하셨다	타락한 인류와 사탄의 전쟁, 하나님의 심판	하나님은 이 땅의 통치를 의로운 인류에게 위임하신다
완벽한 피조세계와 인류	죄로 오염된 피조세계와 인류	완벽하게 회복된 피조세계와 인류
이상적인 곳의 인류	쫓겨나 타락한 곳에서 고생하고 방랑하는 인류	이상적인 곳, 아니 그보다 훨씬 더 좋은 곳으로 복귀한 인류
인류와 이 땅을 향한 하나님의 계획이 드러났다	인류와 이 땅을 향한 하나님의 계획이 지연되고 강화되었다	인류와 이 땅을 향한 하나님의 계획이 실현된다

*랜디 알콘(Randy Alcorn)의 《헤븐》(Heaven)에서

이가 통치하시도다. 우리가 즐거워하고 크게 기뻐하며 그에게 영광을 돌리세 어린양의 혼인 기약이 이르렀고 그의 아내가 자신을 준비하였으므로 그에게 빛나고 깨끗한 세마포 옷을 입도록 허락하셨으니 이 세마포 옷은 성도들의 옳은 행실이로다 하더라. 천사가 내게 말하기를 기록하라. 어린양의 혼인 잔치에 청함을 받은 자들은 복이 있도다 하고 또 내게 말하되 이것은 하나님의 참되신 말씀이라 하기로.

누구나 결혼식에 한 번쯤은 가 봤을 것이다. 대부분의 결혼식은 본식 뒤에 하객들에게 식사를 대접하는 피로연이 이어진다. 이는 신랑과 신부가 하나가 된 것을 축하하는 잔치다.

요한계시록 19장에서 바로 이런 행사가 진행되고 있다. 신랑이신 예수님이 신부인 교회와 영원한 연합을 이루셨다. 이는 궁극의 피로연이라고 할 수 있다. 당신이 가봤던 최고의 피로연을 떠올려 보라. 화려한 세팅에 훌륭한 음악과 아름다운 장식, 산해진미. 어린양의 혼인 잔치는 당신이 상상하는 그 어떤 피로연보다도 성대하다. 천국에 좋은 음식과 재미, 즐거운 친교가 있어서 얼마나 좋은지 모르겠다.

천국에서 이런 성대한 잔치가 벌어지는 동안 땅에서는 대환난이 펼쳐질 것이다. 7년 대환난이 끝나면 육체를 가진 그리스도께서 이 땅으로 돌아오신다. 이 사건을 흔히 그리스도의 재림이라 부른다. 휴거 때는 그리스도께서 구름 속에서 오셔서 성도들을 하늘을 낚아채 가신다. 하지만 재림 때는 말 그대로 땅으로 돌아오신다.

이것은 권능과 심판의 강림이다. 예수님의 재림은 초림과 철저히 다르다. 초림은 연민과 은혜의 강림이었다. 그때 예수님은 세상의 구주로 오셨다. 반면, 재림은 공의와 심판의 강림이다. 이 마지막 때에 예수님은 구주가 아닌 의로운 심판관으로 오실 것이다. 그리고 초림 때는 힘없는 아기로 오셨지만 재림 때는 강한 왕으로 오실 것이다.

인류 역사 내내 하나님은 사람들에게 다가와 용서와 구원을 제시하셨다. 하지만 사람들은 하나님의 은혜로우신 손길을 계속해서 뿌리쳤다. 그리스도께서 그런 자들에게 공의의 심판을 내리기 위해 돌아오실 날이 다가오고 있다. 베드로후서 3장 3-9절은 그날이 오기 전까지 사랑으로 참으시는 하나님에 대해 말하고 있다.

먼저 이것을 알지니 말세에 조롱하는 자들이 와서 자기의 정욕을 따라 행하며 조롱하여 이르되 주께서 강림하신다는 약속이 어디 있느냐? 조상들이 잔 후로부터 만물이 처음 창조될 때와 같이 그냥 있다 하니 이는 하늘이 옛적부터 있는 것과 땅이 물에서 나와 물로 성립된 것도 하나님의 말씀으로 된 것을 그들이 일부러 잊으려 함이로다. 이로 말미암아 그때에 세상은 물이 넘침으로 멸망하였으되 이제 하늘과 땅은 그 동일한 말씀으로 불사르기 위하여 보호하신 바 되어 경건하지 아니한 사람들의 심판과 멸망의 날까지 보존하여 두신 것이니라. 사랑하는 자들아 주께는 하루가 천 년 같고 천 년이 하루 같다는 이 한 가지를 잊지 말라. 주의 약속은 어떤 이들이 더디다고 생각하는 것 같이 더딘 것이 아니라 오직 주께서는 너희를 대하여 오래 참으사 아무도 멸망하지 아니하고 다 회개하기에 이르기를 원하시느니라.

베드로는 예수님의 재림에 관한 이야기를 비웃는 사람들이 있다고 말한다. 그들은 역사가 이대로 영원무궁토록 흘러간다고 생각한다. 그들은 그리스도께서 빨리 오시지 않는 것이 결국 오시지 않는다는 증거라고 생각한다.

하지만 베드로는 그리스도께서 빨리 오시지 않는 것이 인내와 사랑의 증거라고 반박한다. 그에 따르면 하나님은 누구도 영벌을 받지 않길 원하신다. 하지만 하나님이 언제까지고 계속해서 참으시는 것은 아니다. 베드로는 "심판과 멸망의 날"이 오고 있다고 분명히 말한다. 하나님의 거룩하고 공의로운 성품은 정의를 요구하기 때문에 반드시 결산의 날이 오게 되어 있다.

우리는 하나님의 형상을 따라 창조되었기 때문이 마음 깊은 곳에서 정의로운 세상과 공의로운 하나님을 원한다. 악과 죄는 반드시 심판되어야만 한다. 불의를 보면 우리는 자신도 모르게 두 주먹을 불끈 쥐게 된다. 악인이 법망을 빠져나가는 모습을 보면 화가 치밀어 오른다. 인종 차별로 인한 범죄나 인신매매, 테러 공격에 관한 소식을 들으면 우리 안에서 의분이 일어난다. 하나님의 형상을 따라 지음을 받았기 때문에 우리의 DNA 안에는 정의에 대한 갈망이 내장되어 있다.

최근에 한 친구에게서 지독한 악을 눈앞에서 보면서 사역하는 한 선교사에 관한 이야기를 들었다. 이 선교사는 아프리카의 한 호수 마을에서 사역을 하고 있다. 그런데 그곳에서는 한밤중에 폭도들이 배를 타고 몰려와 마을의 아이들을 납치한다. 그러고 나서 그 아이들을 데리고 국경을 넘어가 노예로 팔아버린다. 이 선교사는 국경을 넘어가 이 아이들을 노예의 삶에서 구해내는 위험천만한 사역 팀의 일원이다.

세상에는 악이 창궐하고 있다. 수많은 세월 동안 쌓인 교육과 계몽, 기술 발전은 이 악을 저지하지 못했고, 앞으로도 딱히 가망이 없어 보인다.

간단히 정리하면, '휴거'는 그리스도께서 오셔서 신자들을 데려가시는 사건이다. 이 사건 직후에는 이 땅에 7년간의 대환난이 시작될 것이다. 이 땅에서 '대환난'이 벌어지는 동안 하늘에서는 '그리스도의 심판대'와 '어린양의 혼인 잔치'가 발어질 것이다. 대환난이 끝나면 예수님이 왕으로서 이 땅에 돌아오실 것이다(이것은 '재림'이라고 한다). 그 다음에는 예수님이 아브라함과 다윗에게 공히 하셨던 약속이 이루어진다.

천 년간 이 땅을
다스리실 것이다

7년간의 대환난이 끝나면 예수님이 이 땅에 돌아와 왕으로서 다스리실 것이다. 그분의 통치가 천 년간 이어질 것이다. 천년왕국이라고도 하는 이 기간은 요한계시록 20장 4-6절에 자세하게 묘사되어 있다.

> 또 내가 보좌들을 보니 거기에 앉은 자들이 있어 심판하는 권세를 받았더라. 또 내가 보니 예수를 증언함과 하나님의 말씀 때문에 목 베임을 당한 자들의 영혼들과 또 짐승과 그의 우상에게 경배하지 아니하고 그들의 이마와 손에 그의 표를 받지 아니한

자들이 살아서 그리스도와 더불어 천 년 동안 왕 노릇 하니 (그 나머지 죽은 자들은 그 천 년이 차기까지 살지 못하더라) 이는 첫째 부활이라. 이 첫째 부활에 참여하는 자들은 복이 있고 거룩하도다, 둘째 사망이 그들을 다스리는 권세가 없고 도리어 그들이 하나님과 그리스도의 제사장이 되어 천 년 동안 그리스도와 더불어 왕 노릇 하리라.

이 천 년 동안 그리스도께서 적그리스도 대신 이 땅을 통치하신다. 이 시기에 이 땅에는 매우 독특한 인구 조합이 나타날 것이다. 첫째, 대환난 속에서도 살아남아 낡은 육체로 천년왕국 시대에 들어선 사람들이 있을 것이다. 둘째, 이제 영광스러운 몸을 받은 구약의 성도들과 신약의 성도들이 있을 것이다.

수천 년 전 하나님이 주신 약속 중 일부가 이 천년 기간에 실현된다. 성경의 처음부터 끝까지 하나님은 많은 약속을 해 주셨다. 그런데 못 믿을 인간들과 달리 하나님은 약속을 어기실 수 없는 분이다. 거룩한 성품 탓에 하나님은 한 입으로 두 말을 하실 수 없다. 그분이 주신 약속을 살펴보자.

하나님은 다윗에게 그의 후손 중 한 명이 영원히 보좌에 앉을 것이라는 엄청난 약속을 주셨다. 아브라함에게도 현재 이스라엘로 불리는 땅과 유대인이라고 불리는 민족에 관한 놀라운 약속을 주셨다. 분명히 말하건대 하나님은 자신의 약속을 한시도 잊으신 적이 없다. 아브라함과 다윗이 받은 그 무조건적인 약속들은 이 천년 기간에 이루어질 것이다.

오랫동안 예언들과 요한계시록을 연구하면서 이 천년왕국에 관해 이해할 수 없는 점들이 많았다. 전 세계를 아우르는 천년왕 국이라는 것이 워낙 유례가 없는 일이라, 여기서 말하는 천 년이 실제 천 년이 아니라 단순히 긴 기간을 의미한다고 보는 사람들이 많다. 그런가 하면 천년왕국이 이미 왔다고 주장하는 자들도 있고, 이것이 실제 사건이 아니라 '영적 천년왕국'이라고 가르치는 자들도 있다.

다른 사람들의 의견을 충분히 존중하지만 이 내용을 성경의 다른 부분들과 똑같은 방식으로 해석하면 두 가지 중요한 진리를 발견할 수 있다. 첫째, 천년왕국은 하나님이 다윗과 아브라함에게 주신 매우 구체적인 약속이 문자 그대로 이루어지는 사건이다. 둘째, 천년왕국은 인류가 기본적으로 선하다는 인본주의적 관념을 철저히 깨부순다.

천년왕국에서 구제불능의 인간 본성이 나타난다. 나의 부모님은 학교 선생님이셨다. 그래서 우리 가정에서는 교육이 제일 중요했다. 매일 밤 저녁식사가 끝나면 우리는 접시들을 재빨리 식탁 한가운데로 몰아놓고 좋은 책들과 역사, 현재 사건들에 관한 토론을

벌였다.

당시 사람들은 모두가 충분한 교육을 받으면 세상의 많은 문제를 없앨 수 있다고 믿었다. 사람들이 옳은 것을 배워 옳은 생각을 하게 되면 모든 것이 좋아진다는 것이다. 이런 사고의 밑바탕에는 인간이 기본적으로 선하며 문제는 단지 무지일 뿐이라는 근본적인 가정이 있었다. 세상에는 여전히 악이 그득하지만 인류가 기본적으로 선하며 교육과 기술을 통해 악과 무지를 정복할 수 있다는 믿음은 지금도 여전하다.

하지만 그리스도의 천년 통치 기간에 벌어질 일들은 그런 사고가 얼마나 순진한 것인지를 여실히 드러낼 것이다. 천년왕국 시대에 예수님은 육체적으로 이 땅을 다스리실 것이다. 육신을 입고서 온전히 의롭고도 거룩하며 위엄 있는 모습으로 이 땅을 통치하실 것이다. 예수님이 다스리시니 그야말로 완벽한 환경일 것이다.

다시 말하지만 대환난 시기에 살아남아 천년왕국에 들어갈 사람들이 있을 것이다. 그들은 여전히 옛 육체를 입고 있기 때문에 계속해서 자녀를 낳고, 그 자녀가 또 다시 자녀를 낳을 것이다. 천년 기간인 만큼 여러 세대가 이어질 것이다. 그런데 옛 육체를 입고 태어난 사람들은 지금의 당신과 나처럼 악한 본성을 지닐 수밖에 없다.

성경은 이 그리스도의 통치 기간에 사탄이 무저갱에 갇혀 있을 것이라고 말한다. 따라서 그 기간만큼은 그가 사람들을 유혹하고 현혹시킬 수 없다. 천년 기간이 끝나면 사탄이 마지막으로 한 번 풀려났다가 영원히 지옥 불에 떨어질 것이다.

사탄이 풀려난 뒤에는 에덴동산에서처럼 마음대로 인류를 유혹할 것이다. 그로 인해 세계 인구의 상당수가 그리스도를 거부하고 사탄을 따를 것이다. 잠시 이 사실을 생각해 보라. 예수님이 직접 통치하시는 완벽한 환경에서 최고의 교육을 받으며 살고 나서도 여전히 하나님께 등을 돌릴 사람들이 있다는 말이다. 그만큼 인간의 마음은 어둡고 악하다.

우리는 자신이 실제보다 낫다고 생각하는 경향이 있다. 하지만 생각해 보라. 그 많은 진보와 발견, 발명에도 불구하고 인류는 여태 인간의 악한 본성을 도려내지 못했다. 아니, 좋은 것을 발명해도 매번 그것을 악하게 사용하는 것이 우리 인간이 아니던가. 원자력이라는 경이로운 발견이 무엇을 낳았는가? 바로, 핵무기가 아닌가. 인터넷의 발견은 커뮤니케이션과 지식의 혁명을 가져왔지만 지금 그 인터넷은 가히 거짓과 악한 것으로 가득한 바다라고 해도 과언이 아니다.

하나님은 거대한 흰 보좌에서
사탄과 천사들, 죽은 악인들을 심판하실 것이다

요한계시록 20장 11-15절을 읽어 보자.

> 또 내가 크고 흰 보좌와 그 위에 앉으신 이를 보니 땅과 하늘이
> 그 앞에서 피하여 간 데 없더라. 또 내가 보니 죽은 자들이 큰
> 자나 작은 자나 그 보좌 앞에 서 있는데 책들이 펴 있고 또 다른
> 책이 펴졌으니 곧 생명책이라. 죽은 자들이 자기 행위를 따라
> 책들에 기록된 대로 심판을 받으니 바다가 그 가운데에서 죽은
> 자들을 내주고 또 사망과 음부도 그 가운데에서 죽은 자들을 내
> 주매 각 사람이 자기의 행위대로 심판을 받고 사망과 음부도 불
> 못에 던져지니 이것은 둘째 사망 곧 불못이라. 누구든지 생명
> 책에 기록되지 못한 자는 불못에 던져지더라.

위의 글을 읽노라면 자신도 모르게 인상이 찌푸려진다. 지옥과
영벌 이야기를 좋아하는 사람은 어디에도 없다. 하지만 성경은 지
옥과 영벌의 현실에 관해 분명하게 말하고 있다.

《고통의 문제》(*The Problem of Pain*)에서 C. S. 루이스(Lewis)는 이 문
제에 관한 놀라운 통찰력을 보여 주었다. "나는 지옥에 떨어진 자

들이 끝까지 반도로 남을 것이라고 확신한다. 그렇다면 반도로서
는 성공한 셈이다. 그런 의미에서 지옥의 문들은 안에서 잠겨 있
다."[9]

사랑과 은혜가 충만하신 하나님은 용서와 구원의 길을 마련해
주셨다. 그 길은 물론 그리스도의 십자가다. 지옥에 들어가는 사람
은 이 십자가를 거부했기 때문에 그렇게 되는 것이다. 하나님은 언
제나 선택의 자유를 존중해 주신다. 하나님은 싫다는 사람을 억지
로 구원하시지 않는다. 우리가 그리스도를 거부하기로 선택하면
하나님은 우리가 그 선택대로 살도록 내버려 두신다.

이 문제에 관해 고민이 많다면 천국과 지옥에 관해 깊이 분석한
"내가 내세를 믿는 이유"를 듣거나 보기를 바란다. 악은 지극히 실
질적이다. 모두가 천국에 가면 좋겠지만 하나님은 공의로우시며
ISIS, 스탈린, 히틀러, 아동학대범, 인신매매범 같은 악인들에게는
공의가 필요하다. 물론 모든 사람이 악에서 돌아서 예수 그리스도
를 통해 주어지는 새로운 삶과 용서를 받아들이는 것이 하나님의
간절한 바람이다. 하지만 선택은 어디까지나 개인의 몫이다.

반면, 자신의 죄를 인정하고 겸손히 엎드려 예수님을 믿은 사람
들을 위한 하나님의 계획은 상상을 초월할 만큼 좋다.

새 하늘이 새 땅 위로부터
내려오다

요한계시록 21장 1-3절에서 요한은 하나님께 받은 새 하늘과 새 땅에 대한 환상을 묘사한다.

> 또 내가 새 하늘과 새 땅을 보니 처음 하늘과 처음 땅이 없어졌고 바다도 다시 있지 않더라. 또 내가 보매 거룩한 성 새 예루살렘이 하나님께로부터 하늘에서 내려오니 그 준비한 것이 신부가 남편을 위하여 단장한 것 같더라. 내가 들으니 보좌에서 큰 음성이 나서 이르되 보라. 하나님의 장막이 사람들과 함께 있으매 하나님이 그들과 함께 계시리니 그들은 하나님의 백성이 되고 하나님은 친히 그들과 함께 계셔서.

요한계시록 21장은 새로운 천국을 보여 준다. 21장 이전까지는 죽은 신자들이 천국을 경험했지만 그 천국은 21장에 묘사된 새 하늘과는 다르다. 앞서 말했듯이 그리스도의 부활 이후부터 지금까지의 모습이다.

우리가 아는 인류 역사가 마무리되면 이 새 하늘이 새 땅 위로 내려올 것이다. 새 하늘은 나라이자 도시다.

다음 두 장에 걸쳐 이 새 하늘과 새 땅과 새 예루살렘을 견학해
보자. 자, 이제 하나님이 당신을 위해 예비하신 것에 놀랄 준비를
하라.

Chapter 8

새 하늘과 새 땅

천국의 집은
어떤 모습일까

성령으로 나를 데리고 크고 높은 산으로 올라가 하나님께로부터 하늘에
서 내려오는 거룩한 성 예루살렘을 보이니 하나님의 영광이 있어 그 성
의 빛이 지극히 귀한 보석 같고 벽옥과 수정 같이 맑더라.

_ 계 21:10-11

명작 《오즈의 마법사》(*The Wizard of Oz*)에서 도로시가 눈을 감고 구두의 양 뒤꿈치를 붙여 딱 소리를 내며 유명한 대사를 읊는 명장면이 있다. "집만 한 곳은 없어 … 집만 한 곳은 없어 … 집만 한 곳은 없어."

집에 대한 당신의 기억은 어떤지 모르겠지만 보통 사람들에게 집은 포근하고 아늑한 감정을 불러일으킨다. 집은 우리가 속한 곳이다. 집은 우리에게 안정감을 줄 수 있다. 집은 가식 없이 자기 본연의 모습으로 행동할 수 있는 곳이다. 집은 편하다. 그리고 우리의 집에는 곳곳에 우리 흔적이 남아 있다. 기본적으로 집은 우리에게 따스함과 안정감을 선사한다.

신자들에게 천국은 궁극적인 집이다. 옛 찬송가 가사처럼 이 세상은 우리의 집이 아니라 잠시 머무르는 곳일 뿐이다.

하나님은 우리를 위한 집을 말 그대로, 준비하고 계신다. 그 집은 천국이라 불리며, 우리의 상상을 초월할 만큼 좋은 곳이다. 하지만 솔직히 그 집은 우리가 한 번도 보지 못한 곳이고 베일에 싸인점도 너무 많다. 누군가가 우리에게 한 번도 보지 못한 선물을 준다고 하면 그 선물이 말처럼 좋은지 어떻게 알 수 있는가? 알 수 있는 방법은 하나뿐이다. 그것은 그 선물을 주는 사람이 믿을 만한지를 보는 것이다. 지금까지 그 사람의 언행이 어떠했는가? 언제나 진실만을 말하고 약속을 반드시 지키는 사람인가?

우리는 아직 천국을 보지도 경험하지도 못했지만 이 선물을 주시는 분이 절대적으로 믿을 수 있는 분이기 때문에 이 선물이 더없이 좋으리라 100% 확신할 수 있다. 하나님은 태초부터 지금까지 진실만을 말씀하셨고 우리가 구하거나 상상한 것보다 훨씬 더 넘치도록 주셨으니까 말이다.

하지만 호기심 가득한 우리는 여전히 알고 싶은 것이 많다.

- 천국은 실질적인 장소일까?
- 천국에서 우리는 어떤 모습일까?
- 천국은 따분한 곳일까?
- 천국에서 우리는 영원토록 무엇을 하게 될까?
- 천국에 가면 내 애완동물도 키울 수 있을까?
- 천국에 내 저택이나 아파트, 원룸이 있는 것일까?
- 누가 천국에 가는가?

수세기 동안 신학자들은 이런 질문에 답해왔다. 예를 들어, 토머스 아퀴나스(Thomas Aquinas)는 천국에서 우리 모두가 서른세 살일

거라고 생각했다. 그런가 하면 천국에 동물, 심지어 애완동물까지 있는 이유를 논리적으로 설명한 이들도 있었다. 하지만 그런 것은 직접 가보기 전까지는 알 수 없다. 이 책에서 내가 초점을 맞추고 있는 것은 "성경에서 천국에 관해 실제로 뭐라고 말하고 있는가?" 라는 질문이다. 저마다 천국에 관해 추측을 하고 의견을 제시할 수는 있다. 하지만 그것들은 어디까지나 추측과 의견일 뿐이다. 천국에 관한 확실한 정보를 제공해 주는 것은 오직 성경뿐이다.

자, 이제 팔을 걷어붙이고 이 질문에 답해 보자. 새 땅 위에 임할 새 하늘은 어떤 모습일까? 잘못 인쇄된 게 아니다. 우리의 질문은 "새 땅 위의 삶이 어떤 모습일까?"가 아니라 "새 땅 위의 새 하늘은 어떤 모습일까?"다. 성경의 끝에 이르면 요한계시록 21장과 22장에서 새 하늘과 새 땅이 나타난다. 지금 우리가 믿음으로 보는 것이 그때 현실로 눈앞에 펼쳐질 것이다. 그렇다면 이 새 하늘은 어떤 모습일까?

새로운 육체와
매우 비슷할 것이다

다시 말하지만 예수님이 신자들을 하늘로 데려가기 위해 오실 때 우리는 새로운 부활체를 받게 된다. 나의 새 몸은 영생에 맞게 완벽해지고 영화로워진 몸일 것이다. 하지만 나는 여전히 나다. 나를 나로 만드는 정체성과 기본적인 성품은 어디로 가지 않는다. 엄청나게 업그레이드되겠지만 나는 여전히 나일 것이다.

나의 새로운 몸은 부활하신 그리스도의 몸과 비슷하다. 요한일서 3장 2절에서 요한은 이렇게 말한다. "사랑하는 자들아, 우리가 지금은 하나님의 자녀라. 장래에 어떻게 될지는 아직 나타나지 아니하였으나 그가 나타나시면 우리가 그와 같을 줄을 아는 것은 그의 참모습 그대로 볼 것이기 때문이니."

이 얼마나 놀라운 약속인가. 우리의 영화로워진 몸이 어떤 몸인지 세세히 알 수는 없지만 예수님처럼 된다는 사실만큼은 분명하다.

고린도전서 15장 44-49절에서 사도 바울은 우리의 영광스러운 몸에 관해 말하고 있다.

육의 몸이 있은즉 또 영의 몸도 있느니라. 기록된 바 첫 사람 아담은 생령이 되었다 함과 같이 마지막 아담은 살려 주는 영이 되었나니 그러나 먼저는 신령한 사람이 아니요 육의 사람이요 그 다음에 신령한 사람이니라. 첫 사람은 땅에서 났으니 흙에 속한 자이거니와 둘째 사람은 하늘에서 나셨느니라. 무릇 흙에 속한 자들은 저 흙에 속한 자와 같고 무릇 하늘에 속한 자들은 저 하늘에 속한 이와 같으니 우리가 흙에 속한 자의 형상을 입은 것 같이 또한 하늘에 속한 이의 형상을 입으리라.

여기서 바울은 매우 독특한 주장을 펼치고 있다. 첫 아담은 물리적 육체를 입고 있었지만 마지막 아담인 예수님은 영광스러운 육체를 입으셨다는 것이다. 지금 우리가 입고 있는 몸은 흙에 속한 육의 몸이지만 우리의 영광스러운 몸은 하늘에 속한 영의 몸이다. 우리의 부활한 몸은 두 번째 아담이신 예수님의 몸과 같을 것이다.

우리가 예수님의 부활하신 몸에 관해 아는 사실이 몇 가지 있다. 일단, 몇 가지 새로운 능력을 볼 수 있다. 누가복음 24장을 보면 부활 사건 이후 제자들은 예수님이 실제로 무덤에서 살아나셨다는 자신들의 믿음에 관해 토론하고 있다. 그런데 한창 열띤 토론의 한복판에 예수님이 어디선가 갑자기 나타나신다.

이 말을 할 때에 예수께서 친히 그들 가운데 서서 이르시되 너희에게 평강이 있을지어다 하시니 그들이 놀라고 무서워하여 그 보는 것을 영으로 생각하는지라(눅 24:36-37).

예수님의 몸이 이제 육체의 한계를 초월해 순간 이동 능력을 갖추신 게 분명하다. 그날 예수님은 벽을 통과해 갑자기 제자들 앞에 나타나셨다. 이것이 32절에서 제자들이 소스라치게 놀라 유령을 봤다고 착각한 이유다. 그들의 눈앞에 나타난 분은 분명 예수님이셨지만 이제 그분의 몸은 새로운 능력을 갖춘 부활체였다. 영화 〈스타트랙〉(Star Trek)에서 커크 선장(Captain Kirk)이 "스코티, 나를 순간이동시켜 주게"라고 말하기 훨씬 전에 예수님은 벽을 통과해 순간 이동하셨다.

하지만 누가복음의 이 구절을 보면 우리는 예수님의 새로운 육체에서 우리의 육체와 매우 비슷하게 면도 발견할 수 있다.

> 예수께서 이르시되 어찌하여 두려워하며 어찌하여 마음에 의심이 일어나느냐? 내 손과 발을 보고 나인 줄 알라. 또 나를 만져보라. 영은 살과 뼈가 없으되 너희 보는 바와 같이 나는 있느니라(눅 24:38-39).

예수님의 영광스러운 몸에도 손발이 달려 있었다. 또한 예수님은 제자들에게 자신을 만져 유령이 아닌 살과 뼈로 이루어진 육체임을 확인해 보라고 하셨다. 그리고 "나인 줄 알라"라는 말씀에서 보듯이 새로운 육체를 입은 예수님은 여전히 예수님이셨다. 우리도 마찬가지다. 영광스러운 몸을 입어도 나는 여전히 나일 것이다. 다만, 이전에 없던 놀라운 능력들이 새로 생길 것이다.

예수님은 자신이 유령이 아니라는 마지막 증거로서 음식을 요청하셨다.

> 그들이 너무 기쁘므로 아직도 믿지 못하고 놀랍게 여길 때에 이르시되 여기 무슨 먹을 것이 있느냐 하시니 이에 구운 생선 한 토막을 드리니 받으사 그 앞에서 잡수시더라(눅 24:41-43).

예수님은 제자들이 보는 앞에서 구운 생선을 받아 드셨다. 당신은 어떤지 모르겠지만 나는 영광스러운 몸을 입고도 음식을 먹을 수 있다는 사실이 얼마나 기쁜지 모르겠다. 그리고 필시 살찔 걱정 없이 마음껏 먹을 수 있지 않을까 싶다.

새 하늘과 새 땅도 우리의 새 육체와 비슷할 것이다. 우리가 알던 것과 비슷하고 눈에 익은 것들이 많을 것이다. 물론 그것들의 질은 무한히 더 좋겠지만 말이다. 우리의 몸이 새롭게 부활하는 것처럼 이 땅도 회복된다. 우리는 새 하늘에 어울리는 새 몸을 얻게 된다. 우리가 이 땅에서 즐기던 모든 것은 다가올 것의 맛보기에 불과하다.

당신이 여태껏 봤던 가장 찬란한 석양을 떠올려라. 당신이 가봤던 최고의 휴양지를 머릿속에 그려보라. 당신이 해 봤던 가장 흥미진진한 모험을 기억해 보라. 자녀들과의 가장 아름다운 추억을 떠올려보라. 새 하늘과 새 땅에도 그런 것이 있겠지만 지금 우리가 경험하는 것들보다 무한히 더 좋을 것이다.

성경에 따르면 이 땅은 본래 인류처럼 완벽했다. 하지만 인류가 타락할 때 이 땅도 망가졌다. 마찬가지로, 우리가 회복될 때 이 땅도 새롭게 회복될 것이다.

다시 말해, 하나님이 처음 아담과 하와를 창조하실 때만 해도 그들은 완벽했다. 그들은 에덴동산의 완벽한 환경에 걸맞게 완벽한 존재들이었다. 그런데 그들이 타락하여 죄가 세상에 들어오자 이 땅도 망가졌다. 죄는 인류만이 아니라 이 땅도 훼손시켰다. 하지만 우리가 영광스러운 몸을 받고 죄에서 해방될 날이 오고 있다. 이 땅도 마찬가지다. 이 땅도 새롭게 회복되고 그 땅 위로 새 하늘이 내려올 날이 오고 있다.

예수 그리스도께서 이 땅에 오시기 7백 년 전, 이사야는 이 새 하늘과 새 땅에 관해 예언했다. "보라. 내가 새 하늘과 새 땅을 창조하나니 이전 것은 기억되거나 마음에 생각나지 아니할 것이라"(사 65:17).

하나님은 언젠가 옛 동산처럼 완벽한 환경을 회복시켜주겠다고 약속하셨다. *Zondervan Pictorial Encyclopedia of the Bible*(존더반 성경 그림 백과사전)을 보면 새 하늘과 새 땅에 관한 흥미로운 글이 실려 있다.

새 하늘과 새 땅은 말세에 나타날 새로운 피조 세계를 지칭한다. 세상의 회복과 재창조라는 주제는 기독교 소망의 핵심이다. 인류와 모든 피조물이 결국 원래의 상태로 회복되는 그리스도의 구속 사역이 하나님 계획의 핵심이다.[10]

우리에게는
매우 익숙한 곳이다

새 하늘과 새 땅은 우리에게 매우 익숙한 곳일 것이다. 창세기에서 하나님은 에덴동산을 창조하여 땅 위에 두셨다. 아담과 하와가 죄를 짓고 이 동산에서 쫓겨나기는 했지만 그들은 여전히 땅 위에 있었다. 예수님은 하늘을 떠나 베들레헴에서 탄생하실 때 이 땅으로 오셨다. 요한계시록 21장에 이르면 새 하늘과 새 땅이 나타난다. 여기서 새 땅은 현재와 같은 땅이지만 죄의 저주가 풀려 완전히 회복된 땅이다.

윔블던에서 가장 중요한 테니스 시합은 중앙 코트에서 벌어진다. 이 땅은 바로 그런 중앙 코트와도 같다. 우주에는 지구 외에도 행성과 은하계가 무수히 많지만 하나님은 이 땅을 중앙 코트로 선택하셨다. 이 땅은 하나님의 구속의 이야기가 펼쳐지는 거대한 중심 무대다. 안타깝게도 이 중앙 코트는 죄로 인해 무참히 더럽혀졌다. 하지만 언젠가 상황이 변할 것이다. 성경은 옛 땅이 지나가되 소멸되지는 않는다고 말한다. 하나님은 옛 땅을 완벽하게 청소하여 새롭게 단장시키실 것이다.

우리는 구원을 통해 어떻게 변하는가? 고린도후서 5장 17절에서 바울이 답을 해준다. "그런즉 누구든지 그리스도 안에 있으면 새로운 피조물이라 이전 것은 지나갔으니 보라 새 것이 되었도다."

예전의 내가 지나간 것처럼 옛 땅도 지나갈 것이다. 그리스도를 영접한 순간, 예전의 나는 지나갔다. 하지만 새로운 나는 예전의 나와 비슷한 점이 아주 많다. 일단은 생김새가 똑같다. 기본적인 성격도 크게 변하지 않았다. 나는 여전히 나다. 마찬가지로, 새 땅은 훨씬 더 좋은 곳이면서도 옛 땅의 연장선상에 있다.

이번에는 에덴동산에 관해 생각해 보라. 에덴동산은 생명나무가 있는 완벽한 환경이었다. 새 하늘과 새 땅도 마찬가지다. 새 하늘과 새 땅은 절대적으로 완벽한 곳이며, 요한계시록 22장 1-2절에 따르면 새 하늘을 통과하는 큰 강이 있고 그 강 양편에는 생명나무가 있다.

에덴동산과 마찬가지로 그곳에는 물과 나무, 열매와 음식이 있을 것이다. 동물들도 있을 텐데 지금과는 달리 모두가 완벽한 평화를 이루며 살게 될 것이다. 그곳에서 우리는 숨 막히게 아름다운 자연의 미도 즐기게 될 것이다. 에덴동산에는 죽음이나 수치, 죄의 저주가 전혀 없었다. 슬픔도 고통도 찾아볼 수 없었다. 아담과 하와는 의미 있는 일도 받았다. 그들의 삶에는 귀한 목적이 있었다. 무엇보다도 하나님과의 사이에서, 그리고 두 사람 사이에서 완벽한 친밀함이 흘렀다. 병이니 고립이니 수치니 하는 것들은 아직 사전에 등재되지 않았다.

바로 이것이 에덴동산의 풍경이었으며, 새 하늘과 새 땅은 이와 매우 흡사한 모습일 것이다. 어떤가? 교회에서 천국에 관해 가르치지 않고 대중 영화가 우리의 본향을 잘못 해석한 덕분에 우리가 얼마나 소중한 소망과 위로, 격려를 놓쳐왔는지 알겠는가? 천국은 형언할 수 없는 아름다움과 의미 있는 일, 친밀한 관계, 좋은 음식이 있고 죽음은 없는 실질적인 장소다. 요한계시록 21장과 22장 어디에도 실체 없는 영혼이 흰옷을 입고 구름 위를 떠다니며 하프나 켜는 장면은 없다.

새 하늘과 새 땅은 익숙한 곳, 낯익은 곳, 하지만 상상 그 이상으로 좋은 곳이다.

Chapter 9

천국에서의 삶

지루하고
할 일이 없는 곳?

모든 눈물을 그 눈에서 닦아 주시니 다시는 사망이 없고 애통하는 것이
나 곡하는 것이나 아픈 것이 다시 있지 아니하리니 처음 것들이 다 지나
갔음이러라. 보좌에 앉으신 이가 이르시되 보라 내가 만물을 새롭게 하
노라 하시고 또 이르시되 이 말은 신실하고 참되니 기록하라 하시고.

_ 계 21:4-5

예로부터 인류는 천국을 동경했다. 시인들은 천국에 관한 시를 쓰고 음악가들은 천국을 노래하며 미술가들은 천국을 상상하여 그림으로 표현했다.

현대 문화에는 사후세계에 대한 추측과 상상이 가득하다. 천국에 관한 책과 영화가 매일같이 쏟아져 나오고 있다. 하지만 그런 것 말고 '당신'은 천국이 어떤 곳이라고 생각하는가? 그리고 그 관념은 무엇에 근거하고 있는가? 무엇보다도, 당신은 천국에 관한 누구의 말을 믿고 있는가?

남들의 개인적 경험을 무시할 생각은 추호도 없다. 하지만 남들의 개인적인 경험을 통해 천국을 이해하고 싶지는 않다. 무엇보다도, 워낙 사람마다 말이 다르니 도대체 누구의 말을 믿어야 할지 모르겠다.

천국에 관해 100% 확실하게 믿을 수 있는 정보는 오직 성경 속의 정보뿐이다. 그런 의미에서 지금까지 우리는 성경에서 실제로 말하는 천국을 탐구해 왔다. 이번 장에서는 새 하늘과 새 땅의 측면들 중에서 이 세상과 매우 다른 몇 가지 측면을 짚어 보고자 한다. 앞서 말했듯이 새 하늘과 새 땅은 새로운 내가 지금의 나와 비슷한 것처럼 현재의 세상과 매우 비슷할 것이다. 익숙함과 유사성이 존재할 것이다. 하지만 동시에 이 세상과 전혀 딴판인 모습도 보일 것이다.

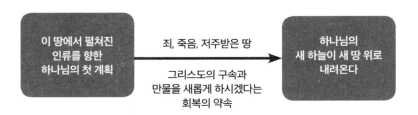

새 하늘과 새 땅은 이 세상과 매우 다르며 무한히 더 좋을 것이다.

하나님과의
새로운 관계가 시작된다

또 내가 새 하늘과 새 땅을 보니 처음 하늘과 처음 땅이 없어졌고 바다도 다시 있지 않더라. 또 내가 보매 거룩한 성 새 예루살렘이 하나님께로부터 하늘에서 내려오니 그 준비한 것이 신부가 남편을 위하여 단장한 것 같더라. 내가 들으니 보좌에서 큰 음성이 나서 이르되 보라 하나님의 장막이 사람들과 함께 있으매 하나님이 그들과 함께 계시리니 그들은 하나님의 백성이 되고 하나님은 친히 그들과 함께 계셔서(계 21:1-3).

새 하늘과 새 땅에서는 하나님이 이 땅에서와는 전혀 다른 차원에서 우리와 함께하실 것이다. 그야말로 우리는 하나님과 '얼굴을 맞댄' 관계를 누릴 것이다. 새 하늘과 새 땅에서는 우리가 믿음으로만 보던 것을 두 눈으로 보게 될 것이다.

우리는 하나님께 성령의 내주하심을 선물로 받았다. 성령이 우리를 위로하고 죄를 깨닫게 하고 인도하고 채우고 가르치고 우리의 신앙생활을 도와주신다. 혹시 성령의 미묘한 인도하심을 느꼈지만 그분의 정확한 뜻을 몰라 갈팡질팡했던 경험이 있는가? 나도 가끔 성령의 인도하심을 느끼지만 그분이 가리키시는 길이 항상 분명하지는 않다. 나만 그런 것이 아닐 것이다. 누구에게나 하나님의 뜻을 분별하기가 어려울 때가 있다.

하지만 이런 불분명함은 과거사가 될 것이다. 하나님의 뜻을 항상 100% 정확히 알게 될 것이다. 그분과 함께 있는데 모를 리가 있겠는가. 천국에서는 하나님이 무엇을 원하시는지 확실히 몰라 머리를 쥐어짤 일이 없다. 하나님의 말씀을 단 한 점의 의문도 없이 확실히 알게 될 것이다.

인생의 여정 속에서 하나님이 멀게만 느껴졌던 순간이 있는가? 아니, 인생의 한 계절 내내 벽에 대고 기도하는 것 같은 답답한 심정을 느꼈는가? 하지만 새 하늘과 새 땅에서는 하나님과의 거리감이나 단절감을 느낄 일이 없다.

살다보면 하나님과의 관계가 시들해지는 시기가 있다. 진정으로 거듭나 하나님의 가족이 되어도 그분과의 사이에서 벽을 경험할 때가 있다. 대개 그것은 죄와 반역의 결과다. 하지만 새 하늘과 새 땅에서는 하나님과 우리 사이를 방해하는 그 어떤 벽도 존재하지 않는다.

당신도 나와 같다면 하나님의 의중을 몰라 고민했던 적이 많을 것이다. 너무 혼란스러워서 하나님을 원망하기까지 했던 적은 없는가? 하나님이 가리키시는 길이 불분명하거나 도무지 비상식처럼 보일 때가 있었을 것이다. 하지만 천국에서는 그럴 일이 없다. 그곳에서는 하나님의 뜻을 완벽하게 이해하게 될 것이다.

"내가 너를 위해 내 아들을 주었다. 너를 사랑한다. 너는 내 창조의 꽃이다. 너와 친밀하고도 허심탄회하며 깊은 사랑의 관계를 맺고 싶구나. 내가 이 천국을 창조한 것은 너와 영원히 함께하고 싶어서다. 영원히!"

하나님은 우리에게 그렇게 말씀하신다. 천국에는 새롭고도 색 다른 것들이 많을 것이다. 하지만 내가 천국에 가장 열광하는 이유는 그곳에 무엇이 없기 때문이다.

죄와 악이
남김없이 사라진다

천국에서는 우리 과거와의 관계가 180도로 변한다. 죄와 악의 결과들은 남김없이 사라진다. 단지 나와 당신에 대해서만 그런 것이 아니라 인류 전체에 대해 그렇게 될 것이다.

> 모든 눈물을 그 눈에서 닦아 주시니 다시는 사망이 없고 애통하는 것이나 곡하는 것이나 아픈 것이 다시 있지 아니하리니 처음 것들이 다 지나갔음이러라. 보좌에 앉으신 이가 이르시되 보라 내가 만물을 새롭게 하노라 하시고 또 이르시되 이 말은 신실하고 참되니 기록하라 하시고(계 21:4-5).

죄와 그 결과는 우리의 삶 속에 깊이 뿌리를 내리고 있어 그것 없는 삶이나 세상은 상상하기가 어려울 정도다. 폭력과 후회, 배신, 이혼, 실패, 실망이 전혀 없는 세상이 상상이 가는가?

하지만 천국에서는 거부의 고통을 다시는 겪지 않는다. 탐욕이나 살인, 중독은 눈을 씻고 찾아봐도 없다. 부정과 부패, 편견, 인종차별, 가난, 불의 따위는 더 이상 존재하지 않는다. 누구도 다시는 무시를 당하지 않는다. 두려움도 수치도 없다.

우리가 유혹을 뿌리치기 위해 얼마나 많은 시간과 정력을 쏟아붓는지 생각해 보라. 자신의 죄나 남의 죄로 인해 우리가 허비하는 그 많은 감정적 에너지를 생각해 보라.

정치인이나 법률가는 더 이상 필요하지 않을 것이다. 형사법원이나 교도소도 있을 필요가 없어진다. 죄의 흔적조차 사라진 문화나 사회를 상상해 보라. 바로 이것이 새 하늘과 새 땅이다. 하지만 여기서 끝이 아니다. 새 하늘과 새 땅에서는 악이 완전히 사라질 뿐아니라 우리가 내내 갈망하던 것이 더해진다.

새롭고도 완전한
만족을 얻는다

또 내게 말씀하시되 이루었도다. 나는 알파와 오메가요 처음과 마지막이라. 내가 생명수 샘물을 목마른 자에게 값없이 주리니 이기는 자는 이것들을 상속으로 받으리라. 나는 그의 하나님이 되고 그는 내 아들이 되리라. 그러나 두려워하는 자들과 믿지 아니하는 자들과 흉악한 자들과 살인자들과 음행하는 자들과 점술가들과 우상 숭배자들과 거짓말하는 모든 자들은 불과 유황으로 타는 못에 던져지리니 이것이 둘째 사망이라(계 21:6-8).

길고 고된 하루를 마치고도 여전히 알 수 없는 찜찜함으로 침대 위로 쓰러질 때의 나쁜 기분을 다 알 것이다. 일터에 남기고 온 일, 아직 고치지 못한 자동차, 내일까지 써야 할 학기말 리포트. 우리네 인생은 그야말로 할 일의 연속이다. 해도 해도 끝이 없다. 하지만 기대하라. 새 하늘과 새 땅에서 하나님이 마침내 "다 되었다"라고 선포하실 것이다. 언젠가 모든 것이 이루어진다는 사실을 알면 그렇게 위로가 될 수가 없다. 완성. 역사의 마침표. 하나님의 목적이 이루어지고 죄가 완전히 사라진다. 이제 구속의 역사가 마무리되고 하나님이 영원히 우리와 함께하신다.

하나님은 우리를 목마르도록 창조하셨다. 그리고 하나님은 목마른 자들에게 물을 주겠다고 말씀하신다. 하나님이 우리의 목마름을 해결하실 것이다. 그런데 우리에게는 육체적인 목마름 외에도 다른 목마름들이 있다. 이를테면 의미, 안정, 사랑, 인정, 성취에 대한 목마름도 있다.

우리 안에는 의미를 갈망하는 것이 있다. 우리는 자신이 중요한 존재라는 느낌을 원한다. 이것은 다름 아닌 하나님이 주신 목마름이다. 우리가 사는 세상은 이런 목마름을 공략한다. 세상의 기업들은 이런 목마름을 겨냥한 마케팅에 막대한 돈을 쏟아 붓는다.

세상은 외모를 특정하게 가꾸면, 특정한 옷을 입으면, 특정한 차를 몰면, 특정한 곳으로 휴가를 가면, 평생의 짝을 찾기만 하면, 마침내 우리의 목마름이 풀릴 것이라고 약속한다.

C. S. 루이스는 이런 약속이 공수표라는 점을 정확히 짚었다. "명예와 명성, 돈, 성공, 미술, 음악, 심지어 궁극적이라고 생각되는 것을 이루어도 … 여전히 무언가 빠져 있다."[11]

우리 모두가 비싼 것, 특히 내내 원하던 것을 샀을 때 이런 경험을 하곤 한다. 예를 들어, 새 차를 샀을 때를 돌아보라. 열심히 돈을 모아 쇼핑을 시작한다. 자동차 대리점을 여러 군데 돌아다니고 시승도 해 본다. 마침내 결정을 내리고 계약서에 서명을 한다. 얼마 뒤 새 자동차 열쇠가 손에 들어오는 기분 최고의 날이 온다. 마침내 꿈에 그리던 새 자동차가 내 것이 된다. 좋아서 죽을 것만 같다. 어서 친구들에게 자랑하고 싶다. 몇 주간은 새 차를 신나게 몰고 다닌다. 하지만 얼마 지나지 않아 흥분이 가라앉기 시작한다. 이제 새 차는 성가시게 관리해 줘야 하는 애물 중 하나로 전락한다.

만족의 수명은 지독히 짧다. 이국적인 휴가나 은퇴, 내 집 마련이 평생의 꿈인 사람도 있다. 하지만 그래봐야 잠시 행복할 뿐, 생각했던 것만큼의 만족은 없다.

C. S. 루이스의 《순전한 기독교》(*Mere Christianity*)에서 다음 글이 보여 주는 통찰력은 실로 심오하기 그지없다.

크리스천은 이렇게 말한다. "욕구를 만족시켜줄 것이 존재하지 않는다면 피조물들은 처음부터 욕구를 갖고 태어나지 않았을 것이다. 아기는 배고픔을 느낀다. 그래서 음식이란 것이 있다. 오리 새끼에게는 헤엄을 치고 싶은 욕구가 있다. 그래서 물이란 것이 존재한다. 인간은 성욕을 느낀다. 그래서 성관계라는 것이 있다. 그런데 내 안에 이 세상의 어떤 경험으로도 만족시킬 수 없는 욕구가 있다면 그것은 내가 다른 세상을 위해 창조되었기 때문이라는 것이 가장 그럴 듯한 설명이다.

이 세상의 그 어떤 즐거움도 그 욕구를 충족시키지 않는다고 해서 우주가 사기인 것은 아니다. 필시 이 세상의 즐거움은 원래부터 그 욕구를 채워 주기 위해서가 아니라 단지 그 욕구를 자극하고 진짜를 가리키기 위해 존재하는 것이다.

그렇다면 한편으로 나는 이 세상의 복들을 무시하거나 당연하게 여기지 않도록 조심하되 다른 한편으로는 그것들을 다른 무엇으로 착각하지 말아야 한다. 그것들은 기껏해야 복사본이나 메아리, 신기루에 지나지 않는다. 진정한 고향은 죽은 뒤에야

갈 수 있으니 그때까지 그곳을 향한 욕구가 사라지지 않도록 잘 간직해야 한다. 그 고향을 향해 열심히 나아가고 남들도 그렇게 하도록 돕는 일을 내 인생의 주된 목표로 삼아야 한다."[12]

"이 세상의 즐거움은 원래부터 그 욕구를 채워 주기 위해서가 아니라 단지 그 욕구를 자극하고 진짜를 가리키기 위해 존재하는 것"이란 문장을 떠올릴 때마다 그 놀라운 통찰력에 감탄을 금할 수 없다. 우리의 목마름은 완전히 풀릴 수 없다. 오히려 그 목마름을 채우려고 애를 쓰다가 지독한 불만족과 좌절에 빠져 삶을 망친 사람이 한둘이 아니다. 루이스의 말마따나 세상의 것들은 언젠가 우리의 목마름을 궁극적으로 해결해 줄 무엇이 오고 있음을 일깨워 주기 위해 존재한다.

요한계시록 21장은 새 하늘과 새 땅이 올 때 우리의 모든 목마름이 마침내 모두 해소될 것이라고 말한다. 그때 우리는 처음으로 완벽한 만족을 경험하게 될 것이다. 더 이상 서로를 비교하며 다른 누군가처럼 되기를 원하지 않을 것이다. 마침내 완전한 만족이 찾아올 것이다.

요한계시록 21장 7절은 하나님이 우리의 주가 되어주시고 우리는 그분의 자녀가 될 것이라고 다시 한 번 강조한다. 새 하늘과 새 땅의 아름다움과 화려함, 편안함에만 정신이 팔려 정작 가장 중요한 것을 놓치기 쉽다. 나는 이 완벽한 환경의 백미는 하나님과 얼굴을 맞대고 누리는 절대적으로 친밀한 관계라고 믿는다. 여느 좋은 아버지들처럼 하나님은 자녀와 서로를 깊이 알고 사랑하는 관계로 나아가길 원하신다.

새로운 도시와 즐길거리가 존재한다

요한계시록 21장 1절에서 요한은 새 하늘과 새 땅을 보았다고 말한다. 그리고 나서 2절에서는 "내가 보매 거룩한 성 새 예루살렘이 하나님께로부터 하늘에서 내려오니"라고 말한다. 그것은 실로 거대하고도 놀라운 성이다.

요한계시록에서 우리는 그곳에 바다가 없다는 사실도 확인할 수 있다. 하지만 배를 타기 좋아하는 사람들은 전혀 걱정할 필요가 없다. 바다처럼 넓은 호수가 한두 개가 아닐 테니까 말이다. 하지만 바다는 언제나 나라들을 갈라놓았고, 우리에게 두려운 곳으로 각인되어 있다. 게다가 바닷물은 마실 수도 없다. 그래서 새 하늘과 새 땅에는 분명 민물만 존재할 것이다. 이어서 새 예루살렘이라고 불리는 찬란한 성이 베일을 벗는다. 보아하니 이 성은 역사 속의 그 어느 성과도 다르다.

일곱 대접을 가지고 마지막 일곱 재앙을 담은 일곱 천사 중 하나가 나아와서 내게 말하여 이르되 이리 오라. 내가 신부 곧 어린양의 아내를 네게 보이리라 하고 성령으로 나를 데리고 크고 높은 산으로 올라가 하나님께로부터 하늘에서 내려오는 거룩한 성 예루살렘을 보이니 하나님의 영광이 있어 그 성의 빛이 지극히 귀한 보석 같고 벽옥과 수정 같이 맑더라. 크고 높은 성곽이 있고 열두 문이 있는데 문에 열두 천사가 있고 그 문들 위에 이름을 썼으니 이스라엘 자손 열두 지파의 이름들이라. 동쪽에 세 문, 북쪽에 세 문, 남쪽에 세 문, 서쪽에 세 문이니 그 성의 성곽에는 열두 기초석이 있고 그 위에는 어린양의 열두 사도의 열두 이름이 있더라. 내게 말하는 자가 그 성과 그 문들과 성곽을 측량하려고 금 갈대 자를 가졌더라. 그 성은 네모가 반듯하여 길이와 너비가 같은지라. 그 갈대 자로 그 성을 측량하니 만 이천 스다디온이요 길이와 너비와 높이가 같더라. 그 성곽을 측량하매 백사십사 규빗이니 사람의 측량 곧 천사의 측량이라. 그 성곽은 벽옥으로 쌓였고 그 성은 정금인데 맑은 유리 같더라. 그 성의 성곽의 기초석은 각색 보석으로 꾸몄는데 첫째 기초석은 벽옥이요 둘째는 남보석이요 셋째는 옥수요 넷째는

녹보석이요 다섯째는 홍마노요 여섯째는 홍보석이요 일곱째는
황옥이요 여덟째는 녹옥이요 아홉째는 담황옥이요 열째는 비
취옥이요 열한째는 청옥이요 열두째는 자수정이라. 그 열두 문
은 열두 진주니 각 문마다 한 개의 진주로 되어 있고 성의 길은
맑은 유리 같은 정금이더라. 성 안에서 내가 성전을 보지 못하
였으니 이는 주 하나님 곧 전능하신 이와 및 어린양이 그 성전
이심이라. 그 성은 해나 달의 비침이 쓸 데 없으니 이는 하나님
의 영광이 비치고 어린양이 그 등불이 되심이라(9-23절).

하나님은 이 새로운 도시를 우리가 즐길 수 있도록 찬란하고도
아름답게 지으셨다. 그리고 구속받은 모든 성도, 다시 말해 구약과
신약의 모든 성도가 그곳에 모일 것이다.

요한은 새 예루살렘의 길이와 너비, 높이가 12,000스다디온
이라고 말한다. 스다디온은 요즘 쓰는 척도가 아니다. 그렇다면
12,000스다디온을 요즘 단위로 환산하면 얼마나 될까? 12,000스다
디온은 약 2,253km이다. 자 이제 상상해 보라. 길이와 너비, 높이가
2,253km인 도시!

일단 높이를 계산하지 않으면 예루살렘의 넓이는 5,076,396km^2
이다. 이것이 얼마나 엄청난 수치냐 하면, 로스앤젤레스는 겨우
1,291km^{2}이다. 홍콩과 뉴욕, 상파울루는 각각 1,104km^2, 1,213km^2,

1,523km^{2}이다.

세상에는 정말 놀라운 도시들이 있다. 그야말로 영광스럽다는 표현이 어울리는 도시들도 더러 있다. 나는 시카고를 사랑한다. 미시건 애비뉴를 따라 걸어보거나 시카고의 아름다운 지평선을 본 적이 있는 사람이라면 내가 무슨 말을 하는지 알 것이다. 곳곳에 위대한 미술관과 환상적인 레스토랑이 즐비하다. 그뿐이랴. 연극과 문화, 아름다움은 가히 따라올 도시가 없다.

홍콩도 내가 좋아하는 도시 가운데 하나다. 밤낮이 따로 없이 항상 북적거리는 불야성의 도시다. 또한 현재와 과거, 영국과 중국의 문화가 독특하게 공존하는 도시다. 한 번쯤은 꼭 가볼 만한 곳이다.

아마 당신에게도 꼭 가보고 싶은 도시가 있을 것이다. 인류가 건설한 도시들은 경이 그 자체다. 사막 한가운데의 두바이에서 실내 스키를 탈 줄 누가 상상이나 했겠는가. 하지만 그 도시조차 하나님이 창조하신 새 예루살렘이란 도시에 비하면 아무것도 아니다.

이 거대한 도시에는 각 면에 세 개의 문이 있고 문마다 지키는 천사가 있다. 얼마나 장관일지 상상해 보라. 그리고 우리가 이제 부활한 몸을 갖게 되기 때문에 엘리베이터가 필요하지 않겠지만 그 도시의 끝까지 올라가는 엘리베이터가 상상이 가는가? 어림잡아 계산해 보니 그 도시의 꼭대기까지 올라가는 엘리베이터가 있다면 무려 74만 층을 올라가야 할 것이다.

도시의 규모도 입이 떡 벌어지지만 우리가 만나서 어울리게 될 사람들은 또 어떤가? 모든 시대 모든 지역에서 모인 사람들과 교제할 시간이 그야말로 무한대다. 특히 우리는 성경 이야기 속의 주인공들에게서 직접 위대한 이야기를 듣게 될 것이다. 그들이 성경의 여백들을 채워 주고 생생한 주석을 제공해 줄 것이다.

그곳에는 해와 달이 없다. 천국의 동력은 예수님에게서 직접 흘러나오며, 하나님의 영광이 천국의 구석구석까지 비춰주기에 충분하다. 그리고 지루할 틈이 없다. 눈과 귀, 몸으로 즐길 거리가 끝없이 많을 것이다.

22절에서 요한은 새 예루살렘에 성전이 따로 없다고 말한다. 바로 성부 하나님과 예수님이 그 성의 성전이다. 성경을 보면 사람들은 하나님을 만나기 위해 성전에 갔다. 하지만 천국에서는 하나님과 1년 365일 늘 붙어 있기 때문에 그럴 필요가 없다. 늘 변함없이 하나님과 완벽한 연합과 교제를 맛보게 될 것이다. 우주의 창조주와 얼굴을 맞대고 친밀한 관계를 누릴 것이다.

새 예루살렘이 새 하늘과 새 땅의 전부는 아니다. 다른 나라들과 왕들도 있을 것이다.

새 나라들이
서 있는 새 땅

만국이 그 빛 가운데로 다니고 땅의 왕들이 자기 영광을 가지고 그리로 들어가리라. 낮에 성문들을 도무지 닫지 아니하리니 거기에는 밤이 없음이라. 사람들이 만국의 영광과 존귀를 가지고 그리로 들어가겠고 무엇이든지 속된 것이나 가증한 일 또는 거짓말하는 자는 결코 그리로 들어가지 못하되 오직 어린양의 생명책에 기록된 자들만 들어가리라.

또 그가 수정 같이 맑은 생명수의 강을 내게 보이니 하나님과 및 어린양의 보좌로부터 나와서 길 가운데로 흐르더라. 강 좌우에 생명나무가 있어 열두 가지 열매를 맺되 달마다 그 열매를 맺고 그 나무 잎사귀들은 만국을 치료하기 위하여 있더라. 다시 저주가 없으며 하나님과 그 어린양의 보좌가 그 가운데에 있으리니 그의 종들이 그를 섬기며 그의 얼굴을 볼 터이요 그의 이름도 그들의 이마에 있으리라. 다시 밤이 없겠고 등불과 햇빛이 쓸 데 없으니 이는 주 하나님이 그들에게 비치심이라. 그들이 세세토록 왕 노릇 하리로다(계 21:24-22:5).

나라가 있다면 조직과 인프라가 있다는 뜻이고, 왕이 있다면 우리가 맡은 역할이 있다는 뜻이다. 만국의 영광이 그 도시로 들어갔다는 것은 그곳에 상거래와 예술, 문화, 음악, 제조 같은 활동이 이루어진다는 뜻이다.

우리는 예배에 대하여 오해하고 있다. 예배하면 으레 주일에 한 시간 동안 자리에 앉아 찬양을 부르고 설교를 듣는 것만 생각하기 쉽다. 하지만 예배는 그보다 훨씬 더 광범위한 것이다. 우리가 우리를 지으시고 재능을 주신 분의 영광과 기쁨을 위해 창조된 목적을 수행하는 것도 예배의 일부다.

영화 〈불의 전차〉(Chariots of Fire)를 기억하는가? 1924년 올림픽에 출전한 스코틀랜드 육상 선수 에릭 리델(Erick Liddell)의 이야기를 그린 영화다. 이 영화는 스포츠 정신이 살아있는 최고의 명작으로 전 세계를 감동시킨 기적과 같은 이야기였다. 그런데 이 영화에서 더 주목할 것이 있다. 영화 속의 한 장면에서 리델은 유명한 대사를 던진다. "저는 하나님이 특별한 목적을 위해 저를 만드셨을 뿐 아니라 저를 빠르게도 만드셨다고 믿습니다. 달릴 때 그분이 기뻐하시는 것이 느껴집니다."[13]

새 하늘과 새 땅에서 우리는 재능과 열정이 있는 일을 하게 될 것이다. 단, 이 세상과 달리 죄와 비교의식, 불순한 동기 없이 하게 될 것이다. 그리고 하나님에 대한 예배로서 그 일을 하게 될 것이다. 그런데 말이다. 바로 이것이 하나님이 지금 우리에게 원하고 계신 것이다.

우리는 산제사로 부름을 받았다. 우리에게 주어진 예배의 삶은 무엇인가? 일터에서 최선을 다해서 일하고 진실만을 말하며 동료들을 사랑해 주는 것이 바로 예배의 삶이다. 겸손하고도 희생적인 자세로 가족을 섬기는 것 또한 예배의 삶이다. 가난한 사람들에게 후히 베푸는 것도 역시 예배의 삶이다. 우리는 천국에서도 이런 삶을 이어가게 될 것이다. 영원토록 해먹에 누워 빈둥거리는 것이 아니라 재능으로 남들과 하나님을 섬기며 이 세상에서보다도 더 열심히 살아갈 것이다.

천국에서 우리의 역할은 우리가 이 땅에서 어떻게 살았느냐에 따라 예수님이 정해 주실 것이다. 하나님은 우리 각자에게 정해진 양의 시간과 재물, 재능을 주셨다. 우리가 이것들을 어떻게 사용하느냐에 따라 천국에서 상과 역할이 정해질 것이다.

이 글을 읽고 나니 어떠한가? 죽음 저편에서 당신을 기다리고 있는 것들에 대해 조금은 더 기대감이 생기지 않았는가? 천국을 생각할 때마다 심장박동이 빨라질 정도로 천국을 고대하는 마음이 강해졌기를 바란다.

세상에서 가장 행복한 곳이라는 디즈니랜드의 광고를 본 적이 있을 것이다. 물론 이것이 틀린 말은 아니다. 하지만 . 천국이 이 땅

에 내려오면 … 그곳이야 말로 우리가 상상할 수 없을 정도로 세상
에서 가장 행복하고 멋진 곳일 것이다.

The Real Heaven

PART 3

천국을 가진 자들의 삶

지금을
천국으로 만들라

Chapter 10

바른 천국을 알면,
오늘이 다르다

그러므로 우리가 낙심하지 아니하노니 우리의 겉사람은 낡아지나 우리의 속사람은 날로 새로워지도다. 우리가 잠시 받는 환난의 경한 것이 지극히 크고 영원한 영광의 중한 것을 우리에게 이루게 함이니 우리가 주목하는 것은 보이는 것이 아니요 보이지 않는 것이니 보이는 것은 잠깐이요 보이지 않는 것은 영원함이라.

_ 고후 4:16-18

자, 무엇 때문에 우리가 에덴동산, 새 하늘과 새 땅, 천국을 이토록 열심히 탐구하고 있는가? 단순히 미래의 집에 관한 유용한 정보를 얻기 위해서인가? 아니면 천국을 어떻게 이해하느냐에 따라 지금 여기서 우리의 삶이 실제로 달라지기 때문일까? 너무 하늘만 바라보면 눈앞의 삶을 제대로 살 수 없다는 말이 있다. 하지만 내가 볼 때는 정반대다. 우리의 '내일'에 대한 올바른 시각과 소망을 품으면 '오늘'의 삶에 큰 유익이 있다.

천국을 알면
고난 속에서 바른 시각을 유지할 수 있다

아래에 인용한 고린도후서의 구절을 보면 사도 바울은 감옥에 갇히고 핍박을 당하고 매를 맞고 죽을 고비를 수없이 넘겼다. 보통 사람 같았으면 벌써 낙심해서 만사를 포기했을지도 모른다. 하지만 바울은 보통 사람이 아니었다. 인생 최악의 순간에 전하는 그의 놀라운 소망과 지혜의 말을 살펴보자.

그러므로 우리가 낙심하지 아니하노니 우리의 겉사람은 낡아
지나 우리의 속사람은 날로 새로워지도다. 우리가 잠시 받는
환난의 경한 것이 지극히 크고 영원한 영광의 중한 것을 우리에
게 이루게 함이니 우리가 주목하는 것은 보이는 것이 아니요 보
이지 않는 것이니 보이는 것은 잠깐이요 보이지 않는 것은 영원
함이라(고후 4:16-17).

14절에서 바울은 하나님이 예수님을 무덤에서 살리셨던 것처럼
언젠가 우리도 부활하게 하실 거라는 확실한 믿음을 드러내고 있
다. 다시 말해, 바울은 이생이 전부가 아니라고 말하고 있다. 천국
에서의 영생은 이 땅에서의 삶만큼이나 확실하다. 이것이 바울이
'그러므로'라는 접속부사로 16절을 시작한 이유다. '그러므로'라는
단어는 언제나 뒤의 문장을 돌아보게 만든다. 다시 말해, 낙심할 필
요가 없는데 그것은 바로 우리의 부활과 영원한 미래가 확실하기
때문이다.

미래에 대한 분명한 그림을 얻고 나면 현재의 고난과 시련을 바
라보는 시각이 달라진다. 이와 관련해서 C. S. 루이스는 한 가지 비
유를 사용했다. 영원은 처음도 끝도 없는 선에 비견될 수 있다. 그
에 반해 인류 역사는 그 선 위의 작은 점 하나에 불과하다. 그리고
인류 역사라는 그 작은 점 안에 지금 이 땅에서 우리의 삶이라는 미

세한 점 하나가 박혀 있다. 이제 당신에게 묻고 싶다. 선과 점 중에서 무엇을 위해 살고 있는가?

당신은 어떤지 모르겠지만 나는 온갖 후회만 남긴 채 이 세상을 떠나고 싶지 않다. 죽을 날을 앞두고서 평생 선이 아닌 점만을 위해 살았다는 사실을 퍼뜩 깨닫고서 땅을 치며 후회하고 싶지는 않다. 영원한 것이 아닌 눈앞의 것, 일시적인 것만을 위해 살고 싶지는 않다.

천국을 분명히 알고 나면 지혜롭게 생각하게 된다. 현재의 삶이 점 너머로 이어진다는 사실을 알고 나면 세상에 대한 집착이 사라진다. 시각이 분명해지면 그것을 따라 우선순위도 분명해진다. 무엇을 추구하고 무엇을 뿌리쳐야 할지 알게 된다. 그러니 삶을 망치지 말라. 사탄에게 속아 점을 위한 삶으로 빠져들지 마라. 하나뿐인 삶을 선을 위해 살라. 그래야 후회하지 않는다!

17절을 보면 바울은 우리의 고난을 "잠시 받는 … 경한 것"으로 표현한다. 그런데 아무리 봐도 바울의 고난은 전혀 일시적이지도 가볍지도 않아 보인다. 고린도후서 11장을 보면 바울이 받은 고난은 꼬리에 꼬리를 물어 긴 목록을 이룬다.

내가 수고를 넘치도록 하고 옥에 갇히기도 더 많이 하고 매도 수없이 맞고 여러 번 죽을 뻔하였으니 유대인들에게 사십에서 하나 감한 매를 다섯 번 맞았으며 세 번 태장으로 맞고 한 번 돌로 맞고 세 번 파선하고 일주야를 깊은 바다에서 지냈으며 여러 번 여행하면서 강의 위험과 강도의 위험과 동족의 위험과 이방인의 위험과 시내의 위험과 광야의 위험과 바다의 위험과 거짓 형제 중의 위험을 당하고 또 수고하며 애쓰고 여러 번 자지 못하고 주리며 목마르고 여러 번 굶고 춥고 헐벗었노라(23-27절).

하지만 고난이 이토록 극심하고도 지속적으로 찾아왔는데도 바울은 '가볍고도 일시적인' 고난이란 표현을 사용한다. 바울은 어떻게 이토록 놀라운 시각을 얻을 수 있었을까? 답은 로마서 8장에서 발견된다. "생각하건대 현재의 고난은 장차 우리에게 나타날 영광과 비교할 수 없도다"(18절).

천국에서 우리를 기다리고 있는 영광에 비하면 심지어 바울의 끝없는 고난조차도 가볍고 일시적일 뿐이다. 알다시피 바울은 천국의 커튼 너머를 엿본 몇 안 되는 사람 중 한 명이다(고후 12:2-4). 그 영광스러운 경험이 그에게 세상을 바라보는 새로운 시각을 선사했다. 참고로, 흥미로운 사실은 그가 본 것을 말하지 말라는 명령을 받았다는 것이다.

물론 이 새로운 시각의 최고봉은 바로 우리 주님의 시각이다.

그는 그 앞에 있는 기쁨을 위하여 십자가를 참으사 부끄러움을 개의치 아니하시더니 하나님 보좌 우편에 앉으셨느니라. 너희가 피곤하여 낙심하지 않기 위하여 죄인들이 이같이 자기에게 거역한 일을 참으신 이를 생각하라(히 12:2-3).

이 구절을 읽을 때마다 "그 앞에 있는 기쁨"이란 표현이 가슴에 와 닿는다. 예수님은 십자가 너머에서 다가오고 있는 기쁨을 볼 줄 아셨다. 고난의 한복판에서 예수님이 우리보다 유리하신 점 가운데 하나는 천국을 경험하신 적이 있다는 것이다. 예수님은 천국을 경험하셨기 때문에 십자가 건너편에 무엇이 기다리고 있는지를 정확히 알고 계셨다.

이것이 히브리서 기자가 우리에게 피곤하여 낙심하지 말라고 격려하는 이유다. 이 세상의 고난 너머에는 형언할 수 없는 기쁨이 있으며, 언젠가 우리는 그것을 경험하게 될 것이다.

천국을 알면
시험을 이겨낼 수 있다

인생을 살다보면 힘든 시기가 닥치기 마련이다. 그럴 때 천국과 영원을 올바로 이해하고 있지 못하면 포기하고 싶은 유혹에 시달릴 수밖에 없다. 예수님은 십자가에 달리기 전날 밤 두려움에 떠는 제자들을 다음과 같은 말씀으로 격려하셨다. 이는 지금 우리에게 주시는 말씀이기도 하다.

> 너희는 마음에 근심하지 말라. 하나님을 믿으니 또 나를 믿으라. 내 아버지 집에 거할 곳이 많도다. 그렇지 않으면 너희에게 일렀으리라. 내가 너희를 위하여 거처를 예비하러 가노니(요 14:1-2).

몇 해 전 아내가 암에 걸렸다는 말을 처음 들었던 날이 지금도 어제처럼 생생히 기억난다. 우리가 앉아서 함께 울었던 소파가 눈에 선하다. 지금은 암이 말끔히 사라져서 하나님께 얼마나 감사한지 모른다. 하지만 당시에는 내 안에 절망이 가득했다.

한걸음 뒤로 물러서서 하나님이 선하시다는 성경의 진리, 그리고 그 진리를 내 삶 속에서 경험했던 순간들을 되새겼던 기억이 난다. 내 아내는 하나님의 것이니 그분이 원하시면 언제라도 데려가실 권리가 있다. 눈물이 비 오듯 흐르는 가운데서도 나는 어떤 경우에도 옳은 태도를 잃지 않겠노라 결단했다. 나는 천국이 실재하고 하나님이 선하시다는 두 가지 근본적인 진리를 평생 붙들고 살겠노라 결심했다.

"하나님을 믿으니 또 나를 믿으라"라는 예수님의 말씀을 대충 읽고 넘어가지 마라. 시험을 견뎌내는 능력은 예수님을 얼마나 믿느냐에 달려 있다. 우리의 미래가 온전히 그분의 손 안에 있다는 믿음이 얼마나 중요한지 모른다. 누구나 자신이 죽는다는 사실을 머리로는 안다. 하지만 우리는 그 현실을 부인하려고 안간힘을 쓴다. 그러지 말고 죽음이라는 엄연한 현실을 직시하라. 그럴 때 비로소 우리의 마음이 열려 삶과 고통, 난관, 시련을 영원의 시각으로 보고 다루기 시작한다. 바로 이것이 요한복음 14장에서 예수님이 제자들과의 마지막 밤에 하신 일이다.

이어서 예수님은 제자들에게 아버지의 집에 방이 많다고 말씀하셨다. 예수님은 그곳에서 오셨기 때문에 확실히 알고서 말씀하신 것이다. 예수님은 천국이 동화 속에나 등장하는 상상의 장소가 아니라 실질적인 장소라는 사실을 잘 알고 계셨다. 아버지의 집에 방이 많다는 말씀은 곧 천국이 헛된 바람이나 막연한 이론이 아니라 실재하는 장소라는 말씀이었다.

아내의 암이라는 청천벽력과도 같은 시련의 한복판에서 나를 지탱해 준 것은 영원에 대한 절대적인 확신과 분명한 이해였다.

영원과 천국을 분명히 이해하면 시련과 고난이 우리를 흔들 수는 있을지언정 무너뜨리지는 못한다. 우리는 이생이 전부가 아니라는 근본적인 믿음을 굳게 부여잡고 살아간다. 우리는 운명론자도 아니요 인생이 무작위적인 사건의 연속이라고 믿지도 않는다. 우리는 하나님이 계시며 그분이 선하시다고 믿는다. 우리는 이생이 전부가 아니라고 믿으며, 하나님이 인류의 역사와 우리의 개인적인 삶을 주권적으로 통치하고 계신다고 믿는다. 이것이 단순히 좋은 개념이 아니라 우리의 존재 깊은 곳에서 우러나오는 확신이 되면 우리 삶의 모든 것이 변한다.

천국을 알면
올바른 우선순위를 유지할 수 있다

마태복음 6장 19-20절에서 예수님은 우리가 무엇에 우선순위를 두고 살아가야 하는지를 분명히 알려 주셨다.

> 너희를 위하여 보물을 땅에 쌓아두지 말라. 거기는 좀과 동록이 해하며 도둑이 구멍을 뚫고 도둑질하느니라. 오직 너희를 위하여 보물을 하늘에 쌓아두라. 거기는 좀이나 동록이 해하지 못하며 도둑이 구멍을 뚫지도 못하고 도둑질도 못하느니라.

보물을 땅에 저장하는 것은 수익률이 신통치 않은 투자다. 반면, 천국에 보물을 쌓는 것은 지혜로운 투자다. 혹시 위의 구절에서 "너희를 위하여"라는 부분을 눈여겨봤는가? 예수님이 추천하신 투자법은 우리에게 영원한 유익을 안겨 주는 투자법이다.

이 구절은 이생에서 나의 삶이 천국에서의 삶에 실제로 영향을 미친다고 말하고 있다. 그것은 마치 저 천국에 내 계좌가 있는 것과도 같다. 그래서 내가 영원한 것들을 위해서 살면 미래에 돈을 보내는 것과도 같다. 내 시간과 재능, 재물을 아낌없이 나눠 주는 것은 천국에서의 내 미래에 투자하는 것이다. 그리고 하나님은 공산주의자나 사회주의자가 아니시다. 천국은 모두가 행복한 곳이지만 모두가 똑같이 사는 곳은 아니다. 이 땅에서 어떤 삶을 사느냐가 천국에서의 삶의 질에 직접적인 영향을 미친다. 천국에서는 누구도 불행하게 살지 않지만 개중에는 남들보다 큰 상을 받을 사람들이 있을 것이다. 예수님의 달란트 비유를 찬찬히 읽어보기를 강권한다(마 25장). 그 비유를 보면 사람들은 맡은 것을 어떻게 사용했느냐에 따라 다른 상을 받았다.

베드로후서에서 사도 베드로도 영원한 천국이 이 땅에서 우리의 우선순위에 어떤 영향을 미치는지에 관해서 이야기하고 있다.

그러나 주의 날이 도둑 같이 오리니 그날에는 하늘이 큰 소리로 떠나가고 물질이 뜨거운 불에 풀어지고 땅과 그 중에 있는 모든 일이 드러나리로다. 이 모든 것이 이렇게 풀어지리니 너희가 어떠한 사람이 되어야 마땅하냐? 거룩한 행실과 경건함으로(벧후 3:10-11).

우리가 아는 세상은 영원토록 지속되지 않는다. 언젠가 예수님이 돌아오시는 날, 모든 것이 바뀔 것이다. 죄로 너덜해진 이 옛 땅은 지나가고 새 하늘과 새 땅이 그 자리를 대신 차지할 것이다. 베드로는 그날이 오고 있다고 단언한다. 그날이 오는 것은 확실한 사실이다. 그날은 하나님이 그분의 달력에 확실하게 표시해 두신 날이다. 이 현실을 근거로 베드로는 "거룩한 행실과 경건함으로" 살라고 경고한다. 하나님은 주권적인 창조주이시며 그분이 돌아오시는 것이 확실하니 순결한 삶, 그분을 우선시하는 삶을 살아야 마땅하다. 시험은 실질적이다. 우리를 압박하는 세상의 영향력은 실로 강력하다. 거친 세파가 밀려오면 우리는 오래 버티지 못하고 이기적이고 일시적인 삶으로 무너져 내리기 일쑤다. 그리고 그 결과는 지독히 고통스럽다. 예수님은 언제나 우리에게 그분의 가장 좋은 것을 주시고 우리를 잘못된 우선순위의 고통스러운 결과로부터 보호하기를 원하신다. 자 이제 당신에게 묻겠다. 당신 삶의 어떤 영역을 점검해야 하는가? 당신이 시간이나 돈을 사용하는 모습이 당신이 섬기는 거룩하고 후하신 하나님을 닮아 있는가?

천국을 알면
돈에 대한 올바른 시각을 얻게 된다

누가복음에서 예수님은 탐욕에 찌든 사람들로 하여금 정신이 번쩍 들게 하는 이야기 하나를 전해 주신다. 그에 앞서 예수님은 먼저 결론부터 제시하신다. "사람의 생명이 그 소유의 넉넉한 데 있지 아니하니라"(눅 12:15).

그리고 나서 예수님은 곡식이 많은 만석꾼의 이야기를 전해 주신다. 그런데 곡식이 많은 정도를 넘어 쌓아둘 곳이 없을 정도여서 문제였다. 그래서 새로운 계획이 필요했다. 세상은 이 남자를 탁월한 사업가로 부르지만 하나님은 그를 바보라고 부르신다. 아무리 사업 수완이 뛰어나도 그는 가장 중요한 문제에서 단단히 계산 착오를 했다. 그는 정신없이 풍족한 삶만을 좇다가 영원한 삶, 그리고 하나님과 풍성한 관계라는 가장 중요한 것을 놓쳤다. 그는 진정으로 중요하지 않은 것에 삶을 바쳤다.

또 이르되 내가 이렇게 하리라. 내 곳간을 헐고 더 크게 짓고 내 모든 곡식과 물건을 거기 쌓아두리라. 또 내가 내 영혼에게 이르되 영혼아 여러 해 쓸 물건을 많이 쌓아두었으니 평안히 쉬고 먹고 마시고 즐거워하자 하리라 하되 하나님은 이르시되 어리석은 자여 오늘 밤에 네 영혼을 도로 찾으리니 그러면 네 준비한 것이 누구의 것이 되겠느냐 하셨으니 자기를 위하여 재물을 쌓아두고 하나님께 대하여 부요하지 못한 자가 이와 같으니라 (눅 12:18-21).

이 부자는 이생에서 얼마나 많은 재물을 쌓느냐에 행복과 안정이 달려 있다고 굳게 믿고 살아왔다. 하나님은 그런 생각이 어리석다고 말씀하신다. 성경은 영원한 삶에 대해 정확히 알고 나면 재물을 꼭 쥐고 있던 손이 풀리기 시작한다고 분명히 말한다. 오늘날 세상에서 재물을 손에서 놓는다는 것은 비상식적인 일이다. 현대인들은 무엇을 얻고 소유할지에 정신에 팔려 있다. 하지만 천국을 자주 떠올리고 무엇이 왜 진정으로 중요한지를 늘 고민하면 세상 재물에 흥미가 줄어든다.

아무래도 내가 설명하는 것보다 한 찬송의 후렴구를 소개하는 것이 훨씬 더 나을 듯하다.

네 눈을 예수님께로 돌려

그분의 놀라우신 얼굴을 온전히 바라보라.

그분의 영광과 은혜의 빛으로 인해

세상의 것들이 이상하게도 점점 희미해지리니.[14]

참으로 위대한 진리요 지혜로운 조언이다. 하지만 실제로 어떻게 해야 하는가? 어떻게 해야 물질주의의 블랙홀로 빨려들지 않고 예수님께로 눈을 돌릴 수 있을까? 다시 골치가 아파진다. 다행히 바울은 믿음의 아들 디모데에게 보낸 편지에서 탐욕과 싸우는 법을 친절하게 설명해 준다.

네가 이 세대에서 부한 자들을 명하여 마음을 높이지 말고 정함이 없는 재물에 소망을 두지 말고 오직 우리에게 모든 것을 후히 주사 누리게 하시는 하나님께 두며 선을 행하고 선한 사업을 많이 하고 나누어 주기를 좋아하며 너그러운 자가 되게 하라. 이것이 장래에 자기를 위하여 좋은 터를 쌓아 참된 생명을 취하는 것이니라(딤전 6:17-19).

이 구절에서 매우 구체적인 명령들을 눈여겨 보라.

이 세상에서 부유한 자들(신약시대에는 한 벌 이상의 옷과 오늘 먹을 양 이상의 식량을 가지면 부자에 속했다)을 향한 명령은 다음과 같다.

1. 교만하지 마라.

2. 재물에 소망을 두지 마라.

왜일까? 재물은 너무도 불확실하고 불안정하며 가장 중요한 것을 주지 못하기 때문이다. 이어지는 명령은 다음과 같다.

1. 하나님께 소망을 두라.

2. 선한 일을 많이 하고 자주 베풀라.

왜일까? 하나님이 우리에게 필요한 모든 것(물질적인 것과 영적인 것)을 풍성하게 공급해 주실 것이기 때문이다. 그리고 자주 선행을 하고 베풀 때 진정한 삶과 소망, 기쁨의 확실한 기초라는 참된 보물을 얻을 수 있기 때문이다.

선행을 하고 베푸는 것은 곧 천국이 나의 가장 우선순위라는 점을 증명해 보이는 것이다. 섬김과 베풂을 억지로라도 실천하다보면 우리의 마음이 변하여, 세상적인 것을 위해 점점 더 큰 곳간을 짓는 것보다 하늘에 보물을 쌓는 일이 점점 더 자연스러워진다.

우리의 문제점을 간과하지 마라. 누구에게나 물질주의적인 면이 어느 정도는 있으며, 물질주의는 우리의 영혼을 부식시킨다. 잠시 시간을 내서 다음 질문들에 관해 고민해 보기를 바란다. 천국을 진정으로 믿는다면 내 삶이 어떻게 달라질까? 그 믿음이 내 시간에 어떤 영향을 미칠까? 내 직업의 결정 기준은 어떠할 것인가? 내 재정의 사용처는 어디일까? 내 관계는 어떻게 이루어 질 것인가? 내 생각은 어떠할 것인가?

Chapter 11

삶의 달음질을 멈추고
천국을 깊이 사모하라

너희를 위하여 보물을 땅에 쌓아두지 말라.

거기는 좀과 동록이 해하며 도둑이 구멍을 뚫고 도둑질하느니라.

오직 너희를 위하여 보물을 하늘에 쌓아두라.

거기는 좀이나 동록이 해하지 못하며 도둑이 구멍을 뚫지도 못하고

도둑질도 못하느니라. 네 보물 있는 그곳에는 네 마음도 있느니라.

_ 마 6:19-21

우리가 함께해 온 이 여행의 끝자락에서 당신에게 정말로 중요한 질문 세 가지를 던지고 싶다. 우리는 천국이 신비와 미지의 영역임에도 불구하고 분명히 드러난 사실들도 있다는 점을 배웠다. 그리고 그 사실들은 실로 놀라웠다.

천국을 성경적으로 이해하면 인생의 가장 중요한 다음 질문들에 대한 답을 얻을 수 있다. 내가 여기 있는 이유는 무엇인가? 죽으면 어떻게 되는가? 이 세상에는 왜 이리도 악이 들끓는가?

천국은 실질적인 장소이며, 그곳의 목적은 처음부터 분명했다. 죄 짓기 전의 모습부터 새 땅 위에 임할 새 하늘까지, 천국의 목적은 항상 동일했다. 그곳은 하나님과 우리가 함께 살며 친밀한 교제를 누리기 위해 존재한다.

세 가지
중요한 질문

모든 생명의 창조주이신 하나님은 우리와 영원히 함께하기를 원하신다. 하나님은 우리를 지으시고 사랑하시며 우리의 죗값을 치러 구원하실 분으로 예수 그리스도를 보내셨다. 그만큼 우리는 중요한 존재다. 하나님께 우리는 눈에 넣어도 아프지 않을 만큼 귀한 존재다. 하나님은 우리의 현재와 미래를 매우 진지하게 받아들이신다. 따라서 우리도 그분과 그분의 천국을 진지하게 받아들여야 한다. 그런 의미에서 다음의 세 질문에 관해 고민하면서 우리의 여행을 마무리하는 것이 옳다고 판단된다.

당신은
천국에 갈 수 있는가?

천국에 간다는 확신이 있는가? 아침에 눈만 뜨면 매일같이 할 일이 쏟아진다. 돈도 벌고 이메일에도 답신하고 자녀도 교육시키고 자동차도 고쳐야 한다. 그런데 이렇게 바쁜 일상에 치이다보면 머릿속에 오직 이 세상과 그 속에서의 삶만 가득해진다. 부지불식간에 이 세상이 우리의 집이 아니라는 사실을 잊어버린다. 천국은 실질적인 곳이고, 그곳에 비하면 이곳에서의 삶은 끝없는 선 위의 작은 점 하나에 불과하다. 이 사실을 진정으로 이해하면 모든 것이 변한다.

자, 이제 매우 개인적인 질문 하나를 해 보겠다. 당신이 오늘 바로 세상을 떠나면 천사들의 안내를 받아 하나님의 품에 안기리라 100% 확신하는가?

성경은 우리가 이 질문에 대한 답을 100% 확실하게 알 수 있다고 더없이 분명하게 말한다. 열쇠는 노력이나 종교 행위, 그냥 모든 것이 잘되기를 바라는 맹목적인 희망이 아니다. 돈을 싸들고 자선 단체에 찾아가도, 교회에 빠짐없이 출석해도, 날마다 선행을 해도 소용이 없다. 천국은 당신을 사랑하여 당신을 대신해 돌아가심으로 당신의 죗값을 영원히 해결하신 하나님의 은혜의 선물이기 때문이다.

사도 요한은 이렇게 말한다.

> 또 증거는 이것이니 하나님이 우리에게 영생을 주신 것과 이 생명이 그의 아들 안에 있는 그것이니라. 아들이 있는 자에게는 생명이 있고 하나님의 아들이 없는 자에게는 생명이 없느니라. 내가 하나님의 아들의 이름을 믿는 너희에게 이것을 쓰는 것은 너희로 하여금 너희에게 영생이 있음을 알게 하려 함이라(요일 5:11-13).

13절을 유심히 보라. 요한은 그리스도를 믿는 우리에게 영생이 있음을 '알게' 하려고 이 글을 썼다고 말한다. 사실, 요한복음도 영생의 자격이 있는 사람들에게 쓴 복음서다. "영접하는 자 곧 그 이름을 믿는 자들에게는 하나님의 자녀가 되는 권세를 주셨으니"(요 1:12).

천국과 관련해서 가장 중요한 질문은 당신에게 하나님의 아들이 있느냐 하는 것이다. 아무리 착하게 살아도 소용이 없다. 예수님과 그분의 구원을 믿겠다는 의식적인 선택이 열쇠다.

요한복음 14장 6절에서 예수님은 이렇게 말씀하셨다. "내가 곧 길이요 진리요 생명이니 나로 말미암지 않고는 아버지께로 올 자가 없느니라."

이것은 내 주장이 아니라 예수님의 말씀이다. 그리고 예수님은 이 말씀대로 하나님의 아들이시거나 사기꾼이거나 둘 중 하나다.

오늘 당신이 예수님을 믿고 영접하면 그분이 당신의 죄를 용서하고 당신의 삶 속으로 들어오실 뿐 아니라 천국에 당신의 자리를 확보해 주실 것이다. 기다릴 필요가 없다. 목사를 찾아가 상담할 필요도 없다. 그리스도를 영접하기 위해 굳이 교회에 갈 필요도 없다. 지금 있는 자리에서 바로 예수님의 주장을 믿기로 선택할 수 있다. 예수님이 당신의 죄를 위해 십자가에서 돌아가셨다는 사실을 믿고 지금 당장 당신의 구주가 되시길 요청할 수 있다.

물론 이 책을 읽는 독자들 중 대부분은 이미 구원의 확신을 얻었을 줄 안다. 그리스도께서 당신의 구주이며 성령을 통해 당신 안에 거하신다고 믿는가? 좋다. 하지만 거기서 멈추지 말고 천국을 확실히 알아야 한다. 천국은 단순히 기분 좋은 상상을 위해 존재하지 않는다. 천국과 영원한 상에 관해 분명히 정립되어 있으면 제자로서 많은 열매를 맺는 삶을 살 수 있다(요 15:8). 자 이제 두 번째 질문으로 넘어가자.

영원의 시각이
필요하다

당신의 우선순위와 열정이 영원한 시각과 일시적인 시각 중 무엇을 드러내는가? 빌립보교회는 바울이 사랑했던 교회 중 하나다. 바울이 이 초대 교인들에게 영원한 시각을 품으라고 강권하는 말을 들어보라.

형제들아, 너희는 함께 나를 본받으라. 그리고 너희가 우리를 본받은 것처럼 그와 같이 행하는 자들을 눈여겨보라. 내가 여러 번 너희에게 말하였거니와 이제도 눈물을 흘리며 말하노니 여러 사람들이 그리스도의 십자가의 원수로 행하느니라. 그들의 마침은 멸망이요 그들의 신은 배요 그 영광은 그들의 부끄러움에 있고 땅의 일을 생각하는 자라. 그러나 우리의 시민권은 하늘에 있는지라 거기로부터 구원하는 자 곧 주 예수 그리스도를 기다리노니 그는 만물을 자기에게 복종하게 하실 수 있는 자의 역사로 우리의 낮은 몸을 자기 영광의 몸의 형체와 같이 변하게 하시리라(빌 3:17-21).

여기서 바울이 영원한 시각에 따라 살지 않는 자들에 대해 사용한 표현 중 하나는 "그들의 신은 배요"다. 이는 이 세상에 대한 사랑과 열정을 말한다. 그들은 지금 당장 얻고 소비할 수 있는 것을 위해 산다. 그들은 이생이 전부인 것처럼 행동하고 근시안적인 결정을 내린다. 어떤가? 마치 우리 세대 사람들의 삶을 묘사하는 것 같지 않은가? 그들은 오로지 일시적인 쾌락과 물질적인 소유에만 정신이 팔려 있다. 그저 어떻게 하면 '더 많이' 얻을까 그 방법을 알아내는 데 모든 에너지와 시간을 쏟아 붓는다. 안타깝게도 이는 비단 1세기 크리스천들만의 문제는 아니다. 이는 당신과 내가 매일 마주하는 문제이기도 하다.

계속해서 바울은 그들이 세상의 것들만을 바라보는 자들이라고 말한다. 그들은 이 세상의 일시적인 것들에 집착해 있다. 도무지 하늘에 관해 생각하지 않는다. 그들이 삶 속에서 내리는 결정에는 영원이라는 현실이 조금도 반영되어 있지 않다. 그들의 보화, 그들이 진정으로 소중히 여기는 것은 지금 이 땅에 있다. 그들은 영원한 것이 아니라 일시적인 것에 따라 살아가는 자들이다.

우리가 세상의 흐름에 휩쓸려가기가 얼마나 쉬운지 모른다. 주변의 모든 것이 성공, 부, 외모 같은 일시적인 것들에 스포트라이트를 비추고 있다. 우리 세상의 중력은 땅의 것들을 향해 있다.

20절에서 '그러나'는 이 구절의 전환점이다. 바울은 세상은 그렇게 살지라도 '그러나' 우리는 다르게 살아야 한다고 말한다. 그것은 우리의 시민권이 하늘에 있기 때문이다. 우리는 영원한 시각을 품어야 한다. 우리의 선택과 행동, 생각에서 우리가 하늘을 바라보는 자라는 흔적이 나타나야 한다.

지금 우리가 함께 앉아 지난 한 주간 서로의 지출 내역, 달력, 생각의 삶을 점검해 보면 과연 우리가 영원한 것들에 시선을 고정하고 있다는 증거가 나타날까?

우리가 이 책에서 했던 이야기가 전부 사실인 것처럼 오늘을 살고 있는가? 그렇지 않다면 무엇을 바꿔야 하는가? 제발 이 마지막 질문을 대충 넘기지 않기를 바란다. 차분히 앉아서 몇 분간 깊이 묵상해 보라. 마음속에 성령의 음성이 들어올 공간을 만들어라. 영원한 시각으로 살기 위해 무엇을 '완전히' 바꿔야 할까?

점진적인 변화로는 절대 그런 삶에 도달할 수 없다. 하나씩 조정하다보면 영원을 바라보는 삶에 이르게 되는 것이 아니다. 급진적인 방향전환이 필요하다. 물론 가끔 삶의 달음질을 멈추고 천국과 진정으로 중요한 것에 관해 깊이 고민하면 어느 정도의 변화가 나타난다.

하지만 내 경험으로 볼 때 몇 달 뒤면 이 세상의 흐름에 또 다시 휩쓸려가기 쉽다. 그러면 또 다시 조정해야 한다. 이런 식으로는 끝이 없다. 지금 우리는 자신과 사랑하는 사람들의 영혼을 위해 치열한 전투를 벌이고 있다. 이 전투에서 승리하기 위해서는 영원의 시각을 품고 필요한 변화를 단행해야 한다.

내가 어릴 적에 이 점을 잘 보여 주는 놀이기구가 있었다. 우리가 거대한 금속 원통에 들어가면 그 원통이 돌아가기 시작한다. 충분한 속도가 붙으면 아래의 바닥이 꺼진다. 하지만 원심력 때문에 우리는 떨어지지 않고 원통 벽에 딱 붙어 있게 된다.

세상 문화도 마찬가지다. 성경은 '세상'과 벗이 되면 아무리 신자라 해도 하나님과 원수가 된다고 경고한다(약 4:4-6). 일시적인 것들에 집중된 세상 문화의 원심력은 너무도 강해서, 극단적인 조치를 취하지 않으면 세상 사람들과 다를 바 없이 계속해서 그 주변을 빙빙 돌게 되어 있다. 한 번 더 묻겠다. 영원의 시각으로 살기 위해 당신 삶의 어떤 부분을 철저히 뜯어고쳐야 하는가? 천국을 정말로 진지하게 받아들이는 삶을 살기 위해서 무엇을 완전히 바꾸어야 하는가?

마지막으로 함께 고민했으면 하는 질문은 다른 사람들의 영원한 운명과 관련이 있다. 성경은 하나님이 그리스도를 통해 값없이 주시는 은혜로운 선물을 받아들이는 자들에게는 놀라운 선물이 기다리고 있다고 더없이 분명히 말한다. 하지만 성경은 그 선물을 거부했을 때의 결과에 대해서도 분명히 말하고 있다.

지옥은 논하기는커녕 말을 꺼내기도 힘든 주제다. 사람들이 워낙 싫어하니까 말이다. 하지만 예수님은 지옥의 현실을 자주 언급하셨고, 지옥이 천국만큼이나 실질적이고 영원하다고 말씀하셨다.

이런 관점에서 세 번째 질문을 던진다.

오늘,
천국을 살라

당신이 아끼는 사람들 중에 천국이나 그곳에 가는 방법에 관해 모르는 사람이 있는가? 하나님이 당신을 어떻게 사용하여 그들을 도우실 수 있을까?

예수님이 자녀인 당신을 위해 천국을 예비하셨으니 얼마나 감사한가. 그런데 당신이 아끼는 사람들 중에 아직 천국행 열차에 승

선하지 못한 사람들이 있는가? 예수님을 개인적으로 모르는 그들이 오늘이라도 심장마비로 세상을 떠난다면 천국에 갈 수 없다.

누가 그들에게 복음을 전해야 한다고 생각하는가? 말 그대로 그들의 영원이 위태한 지경에 빠져 있다. 우리가 이 책에서 했던 이야기가 다 사실이라면 우리 자신의 삶만이 아니라 우리가 사랑하는 사람들의 삶에 대해서도 많은 것이 걸려 있다. 사람들이 뭐라고 말하거나 생각할지 몰라 입을 다물고 있기에는 이 문제가 너무도 중요하고 시급하다. 거부를 당할까 무서워 조용히 있기에는 너무도 큰 것이 걸려 있다. 나도 이 점을 잘 알고 있지만 과감히 복음을 전하지 못할 때가 많아 안타깝다.

왜 남들의 이목을 그토록 두려워하는가? 하나님이 우리 곁으로 보내 주신 사람들에게 복음을 전하지 않고 있다가 그들이 이대로 세상을 떠나기라도 한다면 평생의 한이 될 것이다. 의외로 많은 사람이 예수님에 대해 거부감을 갖고 있지 않다. 단지 복음을 부드럽고도 분명하게 전해 주는 사람을 만나지 못했을 뿐이다. 내가 두려움을 떨치고 복음을 전할 때마다 사람들이 의외로 귀를 기울이는 모습에 놀라곤 한다. 우리가 다가가기 훨씬 전부터 하나님은 이미 그들 속에서 역사하고 계신다.

하나님은 특정한 사람들의 마음 문에 대해 오직 당신에게만 열쇠를 주셨다. 당신의 말이라면 곧이곧대로 믿는 사람들. 당신과 나는 복음을 전하기 위한 하나님의 계획이다. 하나님은 하늘의 구름 위에 복음을 쓰시지 않는다. 천사들을 보내 설교하게 하시지도 않는다. 하나님의 유일한 계획은 당신과 나 같은 평범한 신자들이 용기를 내어 사람들의 두 눈을 똑바로 쳐다보며, 영원이 실재하며 그들을 사랑하고 그들과 함께 하기를 원하시는 하나님이 계신다고 말해 주는 것이다. 하나님은 예수 그리스도의 십자가 죽음을 통해 그들이 구원을 받고 죽어서 천국에 들어갈 길을 이미 마련해 놓으셨다.

좋은 소식이 있다. 당신 혼자서 애쓸 필요가 없다. 앞서 말했듯이 하나님이 이미 사람들의 삶 속에서 역사하고 계신다. 예로부터 하나님은 그분에게서 멀어져 방황하는 자들에게 직접 찾아가시는 분이다. 누가복음 19장 10절에서도 그렇게 말하고 있다. "인자가 온 것은 잃어버린 자를 찾아 구원하려 함이니라."

하나님은 인생의 환경이나 성공과 실패, 고통, 두려움, 마음 깊은 곳의 갈망, 그리고 당신과 나 같은 사람들을 사용하여 잃어버린 자들을 그분께로 끌어당기신다.

내가 평소에 즐겨 묵상하는 사무엘하 14장 14절의 말씀을 소개한다. "우리는 필경 죽으리니 땅에 쏟아진 물을 다시 담지 못함 같을 것이오나 하나님은 생명을 빼앗지 아니하시고 방책을 베푸사 내쫓긴 자가 하나님께 버린 자가 되지 아니하게 하시나이다."

하나님은 잃어버린 자들을 그분께로 이끌 방책을 마련하신다. 복음을 전할 때 우리는 사람들을 찾기 위한 하나님의 역사에 동참하는 것이다. 이 얼마나 영광스러운 특권인가.

당신의 가족과 이웃, 동료, 헬스장이나 커피숍에서 만나는 사람들이 천국의 실재를 알고 있는가? 영생을 얻을 수 있다는 사실을 알고 있는가? 당신이 아니면 누가 그들에게 말해 주겠는가.

어디서부터 어떻게 시작해야 할지 모르겠는가? 걱정하지 마라. 나는 '사랑을 나누라'(Share the Love)라는 시리즈를 통해 전도하는 법을 가르쳐왔다. 이 시리즈는 먼저 하나님이 주신 성격과 재능을 잘 활용하여 불신자들과 자연스럽게 관계를 맺는 법을 설명한다. 그 다음에는 부담스럽지 않으면서도 임팩트 있게 "당신의 이야기를 전하는" 간단한 방법을 소개한다. 마지막으로, 가족이나 친구가 "당신처럼 하나님과 관계를 맺으려면 어떻게 해야 하는가?"라고 물을 때 "그분의 이야기" 곧 복음을 어떻게 전할지를 알려 준다. 최대한 쉽고도 간단하게 전하는 것이 바람직하다. 너무도 많은 것이 걸려 있다. 그리고 어쩌면 당신이 그들이 아는 유일한 크리스천일지도 모른다. 이토록 실질적이고 놀라운 천국을 어찌 사랑하는 사람들에게 전하지 않을 수가 있겠는가.

부록

1. 우리가 궁금한 천국에 대하여
2. 천국에 대해 자주 묻는 질문

부록 1.

우리가 궁금한
천국에 대하여

천국에 관한 이 책의 메시지 전체는 하나의 근본적인 전제를 바탕으로 한다. 그것은 바로 성경이 하나님의 영감으로 되었으며 절대 틀릴 수 없는 하나님의 말씀이라는 것이다. 이 책의 모든 글은 성경이 믿을 만하고 정확하다는 믿음에 기초하고 있다.

하지만 과연 이것이 옳은 믿음인가? 성경이 하나님의 말씀이라는 확실한 증거가 있는가? 성경이 하나님의 초자연적인 말씀이라는 주장을 입증해 줄 증거가 있는가?

이는 당연한 질문이다. 기독교의 주장들을 조사하는 사람이라면 성경의 신뢰성 문제를 확실히 짚고 넘어가는 것이 너무도 당연한 일이다. 내 말을 무조건 믿을 필요는 없다. 당신 스스로 조사해 보기를 바란다. 기독교에 관해 회의적이든 깊이 생각해 본 적이 없든 이 기회에 신약성경을 구해서 열린 마음과 "하나님, 실제로 계신다면 말씀해 주십시오"라고 기도하는 마음으로 읽어 보라.

나는 그렇게 했다. 나는 성경을 진지하게 받아들이지 않는 가정에서 자랐고, 어릴 적에 내가 다니던 교회도 성경을 푸대접하는 곳이었다. 휴게실 탁자 위에 성경책이 한 권 있기는 했지만 아무도 읽지 않는 관상용에 불과했다. 그러다 열여덟 살에 난생 처음으로 성경책을 펴서 그 안의 가르침을 진지하게 탐구하기 시작했다. 오래지 않아 나는 그리스도를 구주로 영접했다.

당시 한 친구에게서 아침에 성경을 읽고 묵상하는 법을 배웠다. 덕분에 정보만을 얻기 위해서 성경을 읽는 것이 아니라 성경의 저자와 관계를 맺어갈 수 있었다. 또한 하나님이 성경을 통해 내게 말씀하시고 나를 인도하신다는 사실을 경험했다.

하지만 대학원에서 몇몇 똑똑한 사람들이 내 믿음의 지적 기초를 정신없이 뒤흔들기 시작했다. 대학원 박사 중 한 명과 나눴던 대화가 지금도 생생히 기억난다. 그는 "정말로 믿는 건 아니겠지?"라는 말로 내 믿음을 공격했다. 그때 나는 기어들어가는 목소리로 "믿는데요"라고 겨우 대답했다. 하지만 "왜 믿지?"라는 질문 앞에서는 꿀 먹은 벙어리가 되고 말았다.

그때 성경이 믿을 만한지 아닌지를 확인하기 위한 나의 긴 여행이 시작되었다. 성경이 정말로 하나님의 말씀인가? 아니면 그냥 사람들이 쓴 글인가? 종교적 지혜를 담은 여타 서적 중 하나일 뿐인가? 아니면 정말로 하나님의 영감에 의하여 쓰인 책인가? 여느 종교 경전들과 뭐가 다른가? 역사적으로는 정확한가? 나는 이러한 질문을 던졌다.

그를 통해 내가 내린 결론을 간단히 정리해 보겠다.

성경은
역사적으로 정확하다

성경 속의 인물과 장소, 사건들은 역사적으로 고고학적으로 검증되었다. 성경의 이야기들은 신화나 동화가 아니다. 오랫동안 진보주의 학자들은 성경이 역사적으로 부정확한 증거로 헷 족속에 관한 내용을 지적했다. 예전에는 헷 족속이 존재했다는 역사적 기록이나 증거가 전무했다. 하지만 나중에 학자들은 발굴 조사 끝에 1,200년의 헷 문화를 발견했다. 구약에만 고고학적 발견과 일치하는 25,000개의 인명과 지명이 있다.

저명한 역사학자이자 고고학자였던 윌리엄 램지 경(Sir William Ramsay)은 누가의 글이 역사적 오류로 가득하다는 점을 입증하기 위해 조사를 시작했다. 하지만 조사 결과는 역사적 신뢰성에서 누가의 글이 타의 추종을 불허한다는 것이었다.

이번에는 이스라엘 고고학에 관한 최고의 권위자 가운데 한 명인 넬슨 글룩(Nelson Glueck) 박사의 말을 들어보자. "성경 속의 인명과 지명을 부정하는 고고학적 발견은 여태껏 없었다. 오히려 성경 속의 개괄적인 혹은 구체적인 역사적 진술들을 뒷받침해 주는 고고학적 증거가 많이 발견되었다."[15]

성경은
하나님의 말씀을 담고 있다

성경은 하나님의 말씀과 생각을 오류 없이 계시하고 있다고 주장한다. 성경은 하나님의 말씀을 담고 있다고 권위 있게 주장한다. 디모데후서 3장 16절은 이렇게 말한다. "모든 성경은 하나님의 감동으로 된 것으로 교훈과 책망과 바르게 함과 의로 교육하기에 유익하니."

성경은 하나님의 영감으로 기록된 권위 있고 오류 없는 하나님의 말씀을 담고 있다고 주장한다. 성경을 보면 "여호와께서 말씀하시기를" 혹은 "여호와께서 말씀하시되"와 같은 문장이 3천 번 이상

등장한다. 성경은 우리를 좋은 사람으로 이끄는 좋은 도덕책이 아니라 하나님의 마음이며 말씀이다. 성경은 인쇄물 형태로 이루어진 하나님의 뜻이다.

성경의 탄생은
초자연적이다

성경의 통일성과 구조, 주제는 그 어떤 책과도 다르다. 성경은 1,500년이 넘는 장구한 세월 동안 40명의 기자가 세 가지 언어로 기록한 책이다. 성경은 히브리어와 아람어, 헬라어로 쓰였다.

저자이자 전 무디 성경 학교(Moody Bible Institute)의 교사 테리 홀(Terry Hall)은 구약성경의 탄생과 관련해서 꽤 가치있는 짧은 글을 썼다.[16] 그 글에서 그는 구약성경의 탄생이 인류 역사상 가장 이상한 출판 프로젝트였다는 점을 지적했다. 10개국의 20개 지역에 사는 40명의 기록자들을 조율하는 그 어떤 편집자나 출판사도 없었다. 구약은 1,500년 동안 세 가지 언어로 쓰였으며 그 안에는 2,930명의 인물과 1,551개의 지명이 등장한다.

그 기록자들은 함께 1,189개의 장과 31,000개의 절, 774,746개의 단어, 3,000,567개의 철자로 이루어진 66권의 책을 탄생시켰다.

이 엄청난 두께의 책은 산문에서 시와 로맨스, 미스터리, 전기, 과학, 역사까지 모든 종류의 문학 형태로 상상할 수 있는 다양한 주제를 다룬다. 성경이 초자연적인 책이라는 증거는 문화와 형태, 표현의 다양성에도 불구하고 놀랄 만큼에 통일성을 보이고 있다는 점이다. 성경의 내용과 일관성, 예언의 성취를 보면 전체 과정을 통제하는 보이지 않는 손의 존재를 인정하지 않을 수 없다.

예수님이
성경의 증인이다

두어 번 배심원으로 활동한 적이 있는데 매번 꽤 흥미로웠다. 어떤 재판이든 판결의 열쇠 중 하나는 전문가 증언(expert witness)이다. 한 분야를 철저히 연구한 사람을 전문가라고 한다. 예를 들어 심리학이나 법의학, 탄도학 전문가들이 있다.

그들은 전문가이기 때문에 그들의 의견은 일반인들의 말보다 더 큰 무게를 가진다. 성경에도 그런 전문가 증인이 있는데 그분의 이름이 바로 예수님이다. 예수님은 이 세상에 살았던 그 어떤 사람과도 다른 분이셨다. 온갖 기적을 행하셨고 죽은 자까지 살리셨다. 심지어 스스로 무덤에서 살아나는 놀라운 능력까지 보여 주셨다.

그런 엄청난 전문가 중인이 구약을 하나님의 영감으로 된 하나님의 말씀으로 보셨다.

성취된 예언들이
성경이 진짜임을 증명한다

이 점을 발견한 것이 내 신앙의 중요한 전환점이었다. 나는 믿는 가정에서 태어나지 않았기 때문에 성경을 읽은 적이 없었다. 그래서 사람들이 성경의 가르침과 주장에 이의를 제기할 때마다 성경에 대한 내 믿음이 정신없이 흔들렸다. 그런데 성경에 구체적으로 이루어진 예언들이 수없이 많다는 사실을 알고 나서 상황이 완전히 달라졌다.

성경의 일부 예언들은 수백 년 뒤에 성취되었다. 성취된 예언은 성경이 초자연적이며 지금까지 쓰인 그 어떤 책과도 다르다는 가장 확실한 증거 가운데 하나다.

가장 놀라운 예언 중 하나는 에스겔서 26장에 기록되어 있는 두로라는 성에 관한 예언이다. 여기서 간단히 요약해 볼 테니 시간이 나면 직접 읽어 보길 바란다.

이 예언은 다섯 개의 요점으로 이루어져 있으며 하나님이 두로라는 성을 파멸시키실 것이라는 내용이다. 에스겔은 두로가 여러 나라의 공격을 받아 맨 바위처럼 될 것이라고 예언했다. 하지만 당시 두로는 대도시로 무역과 상거래의 중심지였기 때문에 이 예언은 허튼소리로밖에 들리지 않았다.

이는 마치 시카고가 완전히 파괴될 것이라는 말과도 같다. 시카고의 모든 빌딩이 무너져 내리고 다시는 재건되지 못한다? 시카고가 지도상에서 완전히 사라진다? 물론 폭탄이 떨어지면 시카고가 붕괴되는 것은 충분히 있을 수 있는 일이다. 하지만 설령 그렇게 된다 해도 시카고는 오래지 않아 재건될 것이다. 따라서 시카고가 지구상에서 흔적도 없이 사라진다는 것은 가망성이 별로 없는 얘기다. 하지만 두로에 대한 에스겔의 예언은 문자 그대로 이루어졌다. 두로는 철저히 파괴되어 결국 재건되지 못했다.

무엇보다도 메시아에 관한 예언들이 성취되었다는 점이 가장 중요하다. 예수님의 초림에 관한 구체적인 예언들이 300개가 넘는다. 예수님은 아브라함의 후손 중 유다 지파 다윗의 집안을 통해 베들레헴에서 처녀에게서 태어날 것으로 예언되었다. 심지어 세례 요한이 예수님의 길을 예비할 것이라는 점도 예언되었다.

예수님이 조롱과 매질, 침 뱉음, 제자들의 배신을 당하고, 예루살렘에 입성하시고, 십자가에 못 박히시고, 그분의 옷을 놓고 군인들의 제비뽑기가 이루어지고, 십자가에서 죽으셨으나 뼈가 하나도 부러지지 않고, 옆구리에 창이 뚫리고, 부자의 묘지에 장사되시고, 부활하여 높임을 받고, 승천하시고, 하나님의 우편에 앉아 계실 것이 다 예언되었다. 이 중 많은 예언이 예수님이 오시기 700년 전에 이루어졌으며 매우 구체적이다. 수백 년 뒤에나 발명될 십자가까지도 자세히 묘사되었다.

이 예언들은 몇 가지 예일 뿐이다. 이 예언들은 다스리는 왕이자 고난의 종으로 오실 메시아를 놀랄 만큼 구체적으로 묘사했다. *Science Speaks*(과학은 말한다)라는 중요한 책을 쓴 피터 스토너(Peter Stoner) 박사는 현대 과학과 확률 이론을 통해서 보면 한 사람이 여덟 개의 예언을 이룰 가능성은 10의 17제곱 분의 일에 불과하다고 말한다. 300개가 아니라 단지 여덟 개에 대해서 이 정도란 말이다.[17]

잘 감이 오질 않는가? 그래서 스토너 박사는 비유로 이 확률의 의미를 풀이해 준다. 한 사람이 여덟 개의 예언을 이룰 가능성은 텍사스 주 전체에 60cm 높이로 은화를 깐 뒤에 그중에서 한 닢을 꺼내 표시를 하고 나서 다시 마구 섞은 뒤에 한 사람이 눈가리개를 하고 그 은화 한 닢을 찾을 확률과도 같다.

스토너 박사는 한 사람이 여덟 개의 구체적인 예언을 이룰 가능성이 이와 같다고 말한다. 그런데 예수님은 여덟 개도, 28개도, 128개도 아닌 300개 이상의 예언을 이루셨다.

실로 놀랍지 않은가. 내게는 이 사실을 발견한 것이 성경을 철저히 인정하게 된 결정적인 계기였다. 이 정도면 하나님이 현재와 미래에 관해 하시는 말씀을 믿지 않을 수가 없다.

성경은 지구상에서
역사적으로 가장 믿을 만하다

성경 사본의 숫자를 여타 저작들과 비교해보면 실로 엄청나다. 몇 가지 예를 들어보겠다. 플라톤 저작들의 현존하는 가장 빠른 사본은 A.D.900년에 기록되었다. B.C.427년과 B.C.347년 사이에 기록된 원본과의 시차가 무려 1,200년이며, 플라톤 저작들에 대한 사본은 겨우 일곱 개다.

아리스토텔레스는 어떤가? 가장 빠른 사본은 A.D.1,100년에 기록되었다. 그의 사후 1,400년 뒤에나 첫 사본이 등장한 것이다.

호머의 《일리아드》(*The Iliad*)와 《오딧세이》(*The Odyssey*)는 어떤가? 이 책들은 B.C.900년 경에 쓰였고, 가장 빠른 사본은 B.C.400년에 기록되었다. 따라서 호머가 살았던 시기와 가장 빠른 사본 사이에는 500년이란 시간 간격이 있다.

그런데 플라톤과 아리스토텔레스, 호머의 저작들이 진짜라는 점을 누구도 의심하지 않는다. 그렇다면 신약은 어떤가? 신약은 A.D.40년과 100년 사이에 기록되었다. 그런데 현재 발견된 가장 빠른 사본의 기록 시기는 A.D.125년이다. 신약이 기록된 지 불과 25년만이다. 당시에도 사본의 신뢰성을 증언을 해줄 수 있는 사람들이 여전히 살아 있었다. 게다가 사본의 개수는 몇인가? 무려 24,000개가 넘는다. 정확히는 24,643개다.

한마디로 성경은 지구상에서 역사적으로 가장 믿을 만하고 정확한 문서다.[18]

내게 이 여행은 단순히 지적인 여행이 아니라 지극히 개인적인 여행이었다. 성경을 통해 하나님은 내 삶을 변화시켜 주셨다. 나는 성경이 하나님의 영감으로 된 오류 없는 하나님의 말씀이라고 절대적으로 확신한다. 성경은 우리를 향한 하나님의 편지다. 그 안에서 하나님은 우리에게 스스로를 드러내시고 어떻게 살아야 할지를 말씀해 주신다. 성경은 돈을 어떻게 사용하고 자녀를 어떻게 키우고 사람들을 어떻게 대하고 무엇을 소중히 여기고 어떻게 일하고 내 시간을 어디에 투자해야 할지를 가르쳐 준다. 나는 성경의 진실성에 내 삶과 내 영원한 운명을 걸었다. 당신도 그러기를 강권한다.

천국에 대해
자주 묻는 질문

아기들도 천국에 가는가?

답부터 말하면 "그렇다"다. 하지만 이 질문은 결코 가볍게 다룰 수 없는 중차대한 신학적 이슈들을 낳는다. 내가 아는 한 이 주제에 관한 최고의 책은 로버트 라이트너(Robert Lightner)가 쓴 책 *Heaven for Those Who Can't Believe*(믿을 능력이 없는 사람들을 위한 천국)이다. 그 책의 4장에 실린 다음 글은 이 문제를 명쾌하게 정리해 준다.

지금까지 다룬 근거를 복습하는 것이 옳을 듯하다. 모든 인간은 죄를 안고 태어난다. 모든 사람이 죄를 지어 하나님의 영광에 이르지 못한다(롬 3:23). "기록된 바 의인은 없나니 하나도 없으며"(롬 3:10).

모든 사람이 태어날 때부터 "진노의 자녀"(엡 2:3)다. 우리 주 예수 그리스도께서는 대속의 죽음을 통해 만인이 구원할 길을 마련해 주셨다. 이제 아담 족속의 모든 일원은 구원을 받을 수 있다. 단, 구원의 길은 하나뿐이다. 오직 그리스도께서 완성하신 일을 통해서만 죄인이 의로워질 수 있다. 다시 말해, 하나님 앞에서 의롭다 일컬음을 받을 수 있다. 구원의 유일한 길은 그리스도와 그분이 완성하신 일을 통하는 것이다. 만인을 대신한 그분의 죽음이 구원의 근거다. 그것이 하나님이 우리의 죄를 용서하실 수 있는 유일한 근거다. 그리고 구원의 유일한 조건은 성경에 나타나 있다. 그것은 바로 믿음을 통해 주 예수 그리스도를 받아들이는 것이다. 그분을 개인적인 구주로 받아들여야 한다. 그럴 때 그분이 완성하신 구원의 역사가 신자에게 적용된다.

하지만 구원의 이 한 가지 조건을 충족시킬 수 없는 사람들은 어떻게 하는가? 나는 그들 모두가 영생을 받는다고 굳게 믿는다. 그들도 죽으면 천국에 간다. 믿을 능력이 없는 사람들, 구원의 한 가지 조건을 충족시킬 능력이 없는 사람들 중 누구도 지옥에서 영원한 형벌을 받지 않는다. 다음 장에서는 먼저 성경을 전반적으로 살펴봄으로써, 그리고 나서 몇몇 구체적인 구절들을 보면서 이 점을 확인해 보자.

라이트너 박사는 (자연이나 양심, 성경을 통한) 계시를 믿을 능력이 없는 사람과 믿기를 거부하는 사람들을 철저히 구분한다. 성경은 만인구원론(universalism)은 아니되 다음과 같은 가르침을 펼치고 있다.

1. 모든 사람이 죄를 지어 하나님의 영광에 이르지 못한다(롬 3:23).
2. 죄의 결과는 죽음(하나님으로부터 분리되는 것)이다(롬 6:23).
3. 그리스도께서 모든 시대 모든 사람의 모든 죗값을 치르기 위해 돌아가셨다(요일 2:1-2).
4. 하나님이 거저 주시는 구원의 선물을 믿음으로 받아들여야만 구원이 우리에게 적용된다(요 1:12; 롬 5:1).
5. 그렇다면 하나님은 복음에 반응할 정신적 능력이 없는 사람들을 어떻게 용서하고 구원하실까? 예를 들어, 갓난아기는?
   - 예수님은 그들을 포함한 온 인류를 위해 돌아가셨다.
   - 예수님은 아이들을 향한 연민을 보여 주셨다.
   - 하나님의 성품은 지혜와 긍휼, 정의다.
   - 구원받지 못한 사람들의 심판(하얀 보좌의 심판)에 대한 근거는 "자기 행위를 따라 책들에 기록된 대로"다(계 20:12).

- 다윗은 밧세바에게서 태어난 아기와 상봉할 것을 확신했다(삼하 12:22-23).
- 예수님은 천국에 들어가려면 어린아이처럼 되어야 한다고 가르치셨다(마 18:1-4, 19:13-15).

마지막으로, 요한계시록 5장 9절과 7장 9절은 천국에 "각 족속과 방언과 백성과 나라"의 사람들이 살 것이라고 말한다. 그렇다면 의사결정을 할 능력이 되기 전에 죽은 사람들을 천국에 보내는 것이 이 구절을 이루기 위한 하나님의 방법일지도 모른다. 그래야 복음을 전혀 접하지 못한 족속 중에서도 천국의 시민이 나올 수 있으니까 말이다.

스스로 믿을 능력이 없는 갓난아기와 어린아이를 잃은 부모들에게 분명 소망이 있다.

가슴 아파하는 부모들을 위한 소망

다음 시는 영아 돌연사 증후군(infant death syndrome)으로 갓난아기를 잃은 한 젊은 엄마가 쓴 시다. 이 시는 믿을 능력이 없는 사람들이 천국에 간다는 확신을 담고 있다.

두 세상

우리 예쁜 아기 루시엔아,
네가 이 세상에 와서
이 엄마의 울음 속에서
고난을 처음 알았구나.
네 작은 몸이 망가지고 긴장하고 뒤틀렸지.
무슨 일인가 싶어 놀랐을 거야.
이 불쾌한 도착에
너의 예쁜 얼굴에 상처의 흔적이 생겼지.

따뜻한 고치 밖으로 나와
고통스러운 세상을 만났구나.
그날 밤 너는 3시간 내내
아무리 달래도 계속해서 울었어.

너는 곧 부모의 애정을 발견했지
그리고 형들과 누나들의 흥분도
너의 미소에 모두가 행복했지.
하지만 태어난 날

너는 첫 교훈을 얻었어.

이 땅에서의 삶이 슬픔과 비극으로 가득하다는 것을
한때 완벽했던 이 세상
하지만 죄로 훼손되었지.
어디를 가나 악이 독처럼 침투해서
슬픔과 부패를 가져왔지.

하지만 짧은 세상 소풍에서
너는 거부도 버림도 미움도 경험하지 않았구나.
죄책감도 후회도 느껴보지 않았구나.
두려움에 대한 두려움이나 고뇌도 모른 채 이 세상을 떠났어 …
이 죄의 얼룩에서
너를 구하기 위해, 나를 구하기 위해
치러진 대가도 모른 채
하지만 지금은 알겠지.

너를 깨우러 갔지.
하지만 예수님이 벌써 깨우셨더구나.
네 엄마보다도 더한 사랑으로

너를 포근히 품에 안고 데려가셨구나.
다른 세상을 보여 주려고

아! 네가 놀란 토끼 눈으로
뜯어보았을 그 아름다운 광채를
나는 겨우 상상만 할 수 있을 뿐이지.
그것도 지극히 제한적으로만.

이 세상들로 들어가는 두 입구를 생각하면
어쩜 그렇게 대조적인지! 놀랄 정도로 다르구나…
이 땅으로의 도착은 잔인하고 폭력적이었다면
천국으로의 도착은 그저 사랑과 포근함만 가득했겠지.
울음도 없이, 고통도 없이, 그저 너무도 좋게.

지금 내가 우는 건 너 때문이 아니야.
이기적일지 모르겠지만 남아 있는 우리를 위해서지.
지금은, 이 슬픔의 세상에서는,
너의 부재가 우리의 가슴을 찢어지게 하는구나.

우리는 애통의 눈물을 흘리고 있어.

하지만 언젠가는 너를 만날 거야.

저 세상에서.

더 이상 고통이 없는 곳에서

고난도 눈물도 없는 곳에서.

아들 루시엔(Lucien)의 장례식에서 레베카 니블랙의 시

2015년 2월 28일

천국에서 결혼도 하고 성이 존재할까?

어느 날 사두개인들은 예수님을 궁지에 몰아넣기 위해 결혼을 여러 번 한 여인이 천국에서 누구와 결혼하게 될지를 물었다.

그때 예수님은 이렇게 대답하셨다. "너희가 성경도, 하나님의 능력도 알지 못하는 고로 오해하였도다. 부활 때에는 장가도 아니 가고 시집도 아니 가고 하늘에 있는 천사들과 같으니라"(마 22:29-30).

예수님은 천국에서의 결혼에 관한 문제에 대해 간단한 답을 주셨다. 한마디로, 천국에서는 결혼이 없다. 예수님은 그런 의미에서 우리가 천사들과 같을 것이라고 말씀하셨다. 이는 우리가 천사가 된다거나 모든 면에서 천사와 같다는 뜻이 아니다. 단지 우리가 천국에서는 천사들처럼 결혼을 하지 않는다는 뜻이다.

예수님은 천국에 결혼이 없는 이유를 시시콜콜하게 설명해 주시지 않았지만 미루어 짐작해 볼 수 있다. 하나님이 결혼 제도를 만드신 이유 중 하나는 아담에게 동반자가 필요했기 때문이다. 아담은 불완전했다. 하나님은 우리에게 소속됨과 사랑, 친밀함, 연결됨의 '맛'을 보여 주고자 결혼을 창조하셨다. 그리고 번식과 즐거움을 위해서, 그리고 예수님과 교회의 관계에 대한 상징으로서 성을 창조하셨다. 천국에서 우리는 더 이상 불완전하지 않을 것이다. 외로움을 느끼지 않을 것이다. 날마다 하나님과 함께 하니 기쁨만 충만할 것이다.

하나님은 번성하라는 하나님의 명령을 이루기 위한 번식의 수단으로 결혼을 정하셨다. 하지만 천국에서는 더 이상 번식이 필요하지 않다.

마지막으로, 천국에서는 실로 놀랍고도 특별한 관계를 누리기 때문에 이 땅의 결혼이 필요하지 않다. 우리 모두는 천국 혼인 잔치에 참여하게 된다. 성경은 그리스도께서 그분의 신부인 교회와 결혼을 한다고 가르친다. 그래서 우리는 이 땅의 부부 사이에서 경험했던 최고의 순간들보다도 무한히 더 깊은 친밀함과 유대감, 소속감, 기쁨을 누리게 될 것이다.

성경은 성에 대해서는 구체적으로 다루고 있지 않다. 천국에서도 성은 존재할 것이다(즉, 우리의 남성성과 여성성은 그대로 유지할 것이다).

그것은 우리가 성적 존재로 지음을 받았기 때문이다. 하지만 마태복음 22장에 기록된 예수님의 말씀으로 추론할 때 천국에서는 성관계를 하지 않을 것이다. 하나님은 우리에게 자녀를 낳고 연합을 경험하며 즐거움을 누리라고 성이라는 선물을 주셨다. 이런 본능적인 욕구는 천국에서 새롭고도 무한히 더 좋은 방식으로 더 깊이 충족될 것이다.

사랑하는 사람과 하나가 되는 기쁨과 성의 환희가 좋기는 하지만 예수님은 이런 경험이 전혀 필요하지 않은 새로운 장소, 새로운 삶의 패러다임을 창조하셨다.

천국의 관점에서 볼 때, 사람들의 죽음에 대한 우리의 반응은 어떠해야 하는가?

우리 모두는 사랑하는 사람을 잃는 기분을 잘 알고 있다. 다들 장례식장에서 이별의 고통을 느껴본 적이 있을 것이다. 그 순간에는 그 이별이 끝인 것처럼 느껴질 수 있다.

데살로니가전서에서 바울은 우리가 신자로서 다른 신자들의 죽음 앞에서 어떻게 반응해야 하는지를 가르쳐 준다.

형제들아, 자는 자들에 관하여는 너희가 알지 못함을 우리가 원하지 아니하노니 이는 소망 없는 다른 이와 같이 슬퍼하지 않게 하려 함이라. 우리가 예수께서 죽으셨다가 다시 살아나심을 믿을진대 이와 같이 예수 안에서 자는 자들도 하나님이 그와 함께 데리고 오시리라(4:13-14).

보다시피 바울은 우리에게 세상 사람들처럼 슬퍼하지 말라고 말한다. 그렇다면 우리와 세상 사람들의 차이점은 무엇인가? 답은 13절의 마지막 절에서 발견된다. 그것은 바로 '소망'이다. 우리 신자들에게는 소망이 있다. 우리에게 죽음은 끝이 아니다. 죽음은 최종적이지 않다. 죽음은 분명 이별이지만, 우리 신자들에게 그 이별은 잠시일 뿐이다. 따라서 이별 앞에서 슬퍼하는 것이 정상적인 인간 반응이긴 하지만 그 이별이 일시적이라는 사실을 알면 상실의 아픔 가운데서도 말할 수 없는 위로를 경험하게 된다. 언젠가 우리는 그 사람과 다시 만나게 될 것이다.

당신은 어떤지 모르겠지만 내 경우에는 신자들의 죽음을 천국의 시각으로 보는 것이 언제나 큰 도움이 되었다. 시편 116편 15절은 "그의 경건한 자들의 죽음은 여호와께서 보시기에 귀중한 것이로다"라고 말한다.

우리가 상실로서 경험하는 것이 천국에서는 유익이다. 하나님의 시각에서 신자의 죽음은 비극이 아니다. 불행한 것도 아니요 심지어 슬퍼할 일도 아니다. 그것은 오히려 귀한 것이다. 이 진리를 마음 깊이 새기라. 신자의 죽음은 곧바로 궁극적인 가족 상봉으로 이어지기 때문에 하나님께 귀한 것이다. 죽음은 궁극적인 귀향 파티로 들어가는 문이다.

고린도전서 15장에서 바울은 죽음이 신자를 이길 수 없다고 말한다.

> 이 썩을 것이 썩지 아니함을 입고 이 죽을 것이 죽지 아니함을 입을 때에는 사망을 삼키고 이기리라고 기록된 말씀이 이루어지리라. 사망아, 너의 승리가 어디 있느냐? 사망아, 네가 쏘는 것이 어디 있느냐? 사망이 쏘는 것은 죄요 죄의 권능은 율법이라. 우리 주 예수 그리스도로 말미암아 우리에게 승리를 주시는 하나님께 감사하노니(54-57절).

죽음의 쏘는 것에 대한 승리가 선언되었고, 예수 그리스도를 통해 그 승리가 우리의 것이 된다.

지옥은 어떤 곳인가?

천국이 놀랍고 멋진 곳이지만 성경은 지옥이라고 불리는 심판과 고통의 장소도 존재한다고 분명히 가르친다. 하나님은 각 사람을 창조하실 때 그 안의 영혼을 불멸과 영원의 존재로 만드셨다. 그래서 이 땅에서의 삶이 끝나면 우리는 어디선가 영원히 살게 된다.

또한 하나님은 우리를 창조하실 때 의지와 선택의 자유를 주셨다. 그러고 나서 우리의 선택을 존중하기로 결정하셨다. 하나님은 누구도 억지로 그분을 사랑하거나 그분과 관계를 맺도록 하시지 않는다.

좋은 소식은 우리가 죄인임에도 하나님이 예수님을 보내 천국으로 가는 길을 마련해 주셨다는 것이다. 하나님은 거룩하시기 때문에 죄를 못 본 채 무시하실 수 없고, 죄인은 천국 입성이 허락되지 않는다. 그래서 성경은 하나님이 마련해 주신 구원의 길인 예수 그리스도를 거부하는 자는 지옥이라는 곳에서 그분과 영원히 분리된 채로 살게 된다고 말한다. 요한복음 5장에서 예수님은 다음과 같이 말씀하신다.

이를 놀랍게 여기지 말라. 무덤 속에 있는 자가 다 그의 음성을 들을 때가 오나니 선한 일을 행한 자는 생명의 부활로, 악한 일을 행한 자는 심판의 부활로 나오리라(28-29절).

또한 성경은 우리의 영원한 운명이 이 땅에서의 삶으로 결정된다고 가르친다.

요한복음 3장 36절에서 예수님은 이렇게 말씀하신다. "아들을 믿는 자에게는 영생이 있고 아들에게 순종하지 아니하는 자는 영생을 보지 못하고 도리어 하나님의 진노가 그 위에 머물러 있느니라."

예수님을 영접하거나 거부하겠다는 우리의 선택이 천국과 지옥을 가르는 열쇠다.

히브리서 9장은 "한번 죽는 것은 사람에게 정해진 것이요 그 후에는 심판이 있으리니"라고 말한다(27절). 우리가 이생에서 그리스도에 관해 어떤 결정을 내리느냐가 우리의 영원한 운명을 결정한다. 그리고 우리가 죽고 나면 우리의 영원한 운명은 완전히 정해져서 절대 바뀌지 않는다.

지옥에 관한 말은 듣기에 거북하다. 워낙 끔찍한 영벌의 장소라 입 밖에 내기도 두렵다. 하지만 사람들이 그곳에 가는 것은 하나님의 변덕스럽고도 독단적인 결정 때문이 아니다. 그것은 어디까지나 예수님을 거부한 그들의 선택이 가져오는 결과다. 지옥이 실재하고 무시무시한 곳인 만큼 우리는 친구와 가족, 동료들에게 절박한 심정으로 예수 그리스도의 복음을 전해야 한다. 그들의 두 눈을 똑바로 쳐다보면서 하나님이 그들을 사랑하시며 천국에서 영원히 함께하기를 원하신다고 분명하게 말해 주어야 한다. 누군가를 예수 그리스도와의 영원한 삶으로 이끄는 데 작은 힘을 보탰을 때만큼 기쁘고 보람찬 순간도 없다.

예수님만이 천국으로 가는 유일한 길인가?

이 책에서 나는 당신이 천국을 정확히 이해하도록 돕기 위해 최선을 다했다. 지금쯤 당신이 저 하늘에 당신을 위해 준비된 하나님의 놀라운 선물을 이해하기 시작했으리라 믿는다. 하지만 한 가지 중요한 사실을 놓쳐서는 곤란하다. 천국에 관한 철저히 성경적인 시각을 얻고도 여전히 그곳에 가지 못할 수 있다.

천국과 관련해서 가장 중요한 것은 천국을 아는 것이 아니라 실제로 천국에 가는 것이다. 그런데 성경이 천국에 가는 법을 더없이 분명하게 알려주고 있으니 얼마나 감사한가. 천국이 어떤 곳인지를 놓고 추측이 난무하는 것처럼 천국에 가는 방법에 대해서도 의견이 분분하다.

기본적으로 이 책은 성경에서 천국에 관해 실제로 무엇을 말하는지를 탐구하는 책이다. 하지만 성경에서 구원과 그 방법에 관해 실제로 무엇을 말하는지를 아는 것도 그에 못지않게 중요하다.

사도행전 4장에서 베드로는 예수님과 그분의 십자가 죽음을 다루면서 이렇게 말하고 있다. "다른 이로써는 구원을 받을 수 없나니 천하사람 중에 구원을 받을 만한 다른 이름을 우리에게 주신 일이 없음이라"(12절).

성경은 해 아래 예수님 외에 구원을 받을 수 있는 다른 이름이 없다고 말한다.

이 진리를 선포한 것은 베드로만이 아니다. 요한복음 14장 6절을 보면 예수님도 직접 같은 말씀을 하셨다. "예수께서 이르시되 내가 곧 길이요 진리요 생명이니 나로 말미암지 않고는 아버지께로 올 자가 없느니라."

예수님은 길이요 진리요 생명이시니 그분을 통하지 않고서는 누구도 아버지께로 갈 수 없다. 이는 내 주장이 아니라 예수님 자신의 주장이다. 그리고 예수님은 이 주장대로 구원자이거나 정신 나간 미치광이거나 둘 중 하나다. 예수님은 천국으로 가는 다른 길의 여지를 일체 남겨두지 않았다. 예수님은 유일무이한 길이다. 많은 길 중에 하나가 아니라 단 하나의 길이다.

그리고 좋은 소식은, 예수님이 이미 우리의 천국행을 위해 필요한 모든 일을 완성하셨다는 것이다. 우리는 그저 거저 주시는 구원의 선물을 감사함으로 받아들이기만 하면 된다. 우리의 노력으로는 죽었다 깨어나도 그 선물을 얻을 수 없다. 아무리 선행을 쌓고 또 쌓아도 그 선물의 자격을 갖출 수 없다. 성경에서 가장 잘 알려진 구절에서 우리는 예수님의 입술에서 직접 나오는 초대의 메시지를 들을 수 있다.

하나님이 세상을 이처럼 사랑하사 독생자를 주셨으니 이는 그를 믿는 자마다 멸망하지 않고 영생을 얻게 하려 하심이라(요 3:16).

"믿는 자마다." 이 얼마나 감사한가. 나도 포함되고 당신도 포함된다!

예수님이 주장하신 대로 구원자이심을 믿으면 오늘 당장 영생과 천국이 당신의 것이 된다. 예수님이 당신의 죄를 위해 십자가 위에서 돌아가셨다는 사실을 믿고 죄에서 돌아서면 구원을 받고 그분의 제자가 될 수 있다. 하나님은 당신과 관계를 맺길 원하신다. 오늘 당장. 그리고 영원히!

주

1. Ron Charles, "'Boy Who Came Back from Heaven' Actually Didn't; Books Recalled," *Washington Post*, 2015년 1월 16일, http://www.washingtonpost.com/blogs/style-blog/wp/2015/01/15/boy-who-came-back-from-Heaven-going-back-to-publisher/.

2. 위의 책.

3. 도로시로 분한 Judy Garland, The Wizard of Oz, Victor Fleming 감독 (MGM, 1939).

4. Eric Metaxas, "Science Increasingly Makes the Case for God," *Wall Street Journal*, 2014년 12월 25일.

5. Joseph M. Stowell, *Eternity : Reclaiming a Passion for What Endures* (Grand Rapids: Discovery House, 2006), p. 9.

6. 위의 책, pp. 52-53.

7. Stacy and Paula Rinehart, *Living in Light of Eternity* (Colorado Springs: NavPress, 1986), p.15.

8. 막시무스로 분한 Russell Crowe, Gladiator, Ridley Scott 감독 (Universal City, CA: DreamWorks, 2000), DVD.

9. C. S. Lewis, 《고통의 문제》(New York: HarperCollins, 2001), p.130.

10. *Zondervan Pictorial Encyclopedia of the Bible*, vol. 3 (Grand Rapids: Zondervan,1980), s.v. "Heavens, New (and Earth, New)."

11. C. S. Lewis, *Readings for Meditation and Reflection*, Walter Hooper 편집 (New York: HarperCollins, 1992), 78.

226

12. C. S. Lewis, 《순전한 기독교》(New York: MacMillan, 1980).

13. 에릭 리델로 분한 Ian Charleson, Chariots of Fire, Hugh Hudson 감독 (Century City, CA: Twentieth Century Fox, 1981).

14. Helen H. Lemmel, "Turn Your Eyes upon Jesus," 1922.

15. Nelson Glueck, *Rivers in the Desert : History of Negev* (Philadelphia: Jewish Publication Society of America, 1969), p. 31.

16. Terry Hall, "How We Got Our Old Testament," *Moody Monthly*, 1987 1월, pp. 32-34.

17. Peter W. Stoner, *Science Speaks* (Chicago: Moody Press, 1976).

18. 이 부록의 내용은 Why I Believe 시리즈를 요약한 것이다. www.livingontheedge.org 에서 CD와 DVD, 소그룹 스터디 자료를 구할 수 있다.

The Real Heaven